L'AME DE LÉON BLOY

LÉON BLOY EN 1887 À L'ÉPOQUE DU *Désespéré*.

HUBERT COLLEYE

L'AME DE LÉON BLOY

I. La Genèse du Désespéré
Véronique — La Salette

« *Spem contra spem* ».
(Première épigraphe
du « Désespéré »).

DESCLÉE DE BROUWER ET Cⁱᵉ, ÉDITEURS

A LA TRÈS AIMÉE ET TRÈS VÉNÉRÉE MÉMOIRE

DE

MADAME JEANNE-LÉON BLOY

NÉE JEANNE MOLBECH

QUI VOULUT CE LIVRE ET PUIS L'AIMA DE TOUT SON CŒUR.

LE PREMIER CONTACT

J'ai rencontré un homme marqué d'une croix. Ou plutôt c'était une croix vivante, à la fois sombre et lumineuse, comme si elle était chargée de dispenser la fraîcheur en même temps que la chaleur et la lumière. J'eus la perception immédiate de l'apôtre des premiers temps ou du croisé de la première croisade, quand l'Occident n'avait encore d'autre pensée de lucre que de récupérer le Tombeau du Christ. Je ne m'enquis pas d'abord de la destinée humaine de cet homme. A quoi bon? Ne me figurait-il pas l'humanité déambulant du temporel vers l'éternel? J'ai fait route avec lui dont presque tous s'écartaient pour des raisons que j'ai plus tard connues. Nous gravîmes ensemble la côte qu'on ne redescend pas. Et, chemin faisant, il m'ouvrit les yeux...

Je lui dois ce témoignage. Il m'ouvrit littéralement les yeux. J'étais aveugle, aveugle-né comme tant de mes frères selon la chair et selon l'esprit. Je vivais, moi chrétien, d'une vie plus animale que surnaturelle. J'attachais de l'importance à ce qui n'en avait pas. Avide surtout des belles formes qui passent, des rythmes qui s'évanouissent, de toute la fantasmagorie des jours, je niais pratiquement la Mort. Ce qui revient à dire que je n'accordais pas plus d'importance au fait de la Rédemption qu'à quelque autre primordial événement historique.

*J'avais la foi, parbleu ; mais c'était à titre d'héritage,
comme on reçoit, par devant notaire, un bijou ou un
meuble. Je me croyais, je me voulais chrétien. Mais
qu'est-ce qu'un chrétien dont tous les actes n'ont pas
pour mobile l'amour et la gloire de Dieu? L'homme me fit
comprendre cela. Il ne me démontra pas la vérité, il me la
rendit sensible. Grâce à lui, je l'aimai. Sa beauté intérieure de Fille du Roi, il m'apprit à la découvrir et à la
distinguer de ce qui n'est que reflet et mirage. Viens
donc, me disait-il, tu ne sais pas ce que tu devrais savoir.
Le Christ n'a jamais cessé de saigner sur le Golgotha
ni de se montrer aux Saintes Femmes. Il est remonté
vers son Père qui est le nôtre ; et pourtant il reste parmi
nous. Auprès de cette réalité, que veux-tu que deviennent
les contingences humaines? Auprès de cet Amour, que
veux-tu que devienne l'Amour?*

Ainsi l'homme-croix m'enseignait la vraie raison de
vivre. Sa voix d'or me fut terrible et suave. Je ne l'oubliai
jamais. C'est pourquoi l'idée me vint, confuse d'abord,
de faire part de ma rencontre et de ma découverte à ceux
qui viendraient après moi. L'image d'un livre se dessina
dans mon esprit. Après le « Désespéré » — par lui me
vint la révélation — je lus le Journal, puis les livres du
début, enfin la « Femme pauvre » et « Celle qui pleure ».
Pourquoi ne coordonnerais-je pas les impressions que
me procurait le contact de plus en plus intime avec l'âme
de Léon Bloy? Je crus observer que peu de gens entraient
dans la compréhension de Bloy. Il était, sans phrases,
le génie inconnu. Inconnu et méconnu. Inconnu durant
sa vie mortelle ; méconnu depuis sa naissance en Dieu.
Qui donc prenait vraiment la peine de se pencher sur
son âme? Parmi ceux qui le lisaient, les uns y étaient
poussés par la curiosité, d'autres par l'attrait des belles

phrases, d'autres encore par le goût de l'étrangeté ou du scandale. C'est le petit nombre, comme toujours, qui voyait clair. Encore, dans ce nombre, rencontrait-on de bonnes âmes que le vertige saisissait au bord de l'âme de Bloy. Elles se reculaient effarées au lieu de s'abandonner coûte que coûte au vertige. L'abîme appelle l'abîme. Ce que d'aucuns ont appelé la folie de Bloy et qui n'était que son acceptation intégrale du plan divin requiert pour la comprendre le sacrifice des sagesses humaines. Il faut choisir. On ne peut lire cet écrivain comme on lit un quelconque littérateur fût-il génial. Car ici la littérature est vraiment dépassée, en dépit de la splendeur verbale des textes. Cette splendeur même est un gouffre, non une ornementation factice que la pensée pourrait dédaigner. Aussi n'est-il pas expédient de recommander, à tort et à travers, une pareille lecture. Il ne faut solliciter personne. Il ne faut violenter les inclinations de personne. L'Esprit souffle où il veut. Cependant il convient de lui préparer les voies. C'est dans ce but que je songeais à condenser en quelques chapitres la pensée même du grand écrivain ; entreprise téméraire sans doute et combien au-dessus de mes forces. Mais j'aimais assez Bloy pour le crier aux autres ; en tous cas pour me lancer dans une aventure dont je ne calculais pas les risques.

C'est alors que je connus Madame Bloy. Je raconterai ailleurs les détails de cette lumineuse rencontre. Jeanne-Léon Bloy, mise au courant de mon projet par la chaleureuse indiscrétion d'un ami commun, voulut en savoir davantage. Ce fut le début d'une série de conversations d'où sortit le plan de L'Ame de Léon Bloy. Avec une générosité et une confiance dont je demeure confus, la veuve du Mendiant ingrat m'ouvrit le trésor de ses souvenirs et de sa documentation manuscrite. Je n'avais pas connu Léon Bloy ; elle entreprit de me le faire connaître. Elle me parla de lui longuement et souvent. Elle me le fit voir, elle me le rendit en quelque manière sensible ; littéralement, elle l'évoqua. Rien ne lui était plus aisé ; car elle vivait en lui et pour lui. Elle s'effaçait elle-même, se dérobait jalousement aux importuns, ne voulant être que celle qui rend témoignage. Je la vois et je l'entends encore qui me « raconte » Bloy, non à la façon d'une biographe mais entre ciel et terre comme peuvent raconter les désincarnés. Elle fit plus, elle me mit « dans les meubles » de Bloy. Je vécus de longs jours en tête à tête avec les objets que maniait le grand écrivain. Je m'assis devant le fameux bureau jaune, dans le vieux fauteuil popularisé par tant de photographies. Je pus prier devant la statuette de Celle qui pleure et devant le grand crucifix témoin des douleurs de Véronique. Entre les aquarelles de Bisson et de Grasset et le somptueux dessin de Desvallières, je contemplai ces « Promesses d'un beau visage » où le jeune Bloy de 18 ans s'était portrait lui-même, et l'Ecce Homo du pauvre Brou. La bibliothèque était là avec ses volumes concernant Louis XVII, Napoléon, la Salette, Catherine Emmerich. Et voici la vieille Bible de Bloy et ses auteurs latins. Je me plongeai enfin dans la découverte d'innombrables manuscrits aux caractères invraisemblablement microscopiques. C'est alors que la nécessité de modifier mon plan m'apparut. La lecture de ces brouillons et de monceaux de correspondance me ménageait de vastes perspectives inespérées sur la période la moins connue de la vie de l'écrivain. Je me dis donc qu'avant de gloser sur les œuvres il fallait en faire connaître l'auteur. Que savait-on de Bloy avant la période du « Désespéré »? A peu près rien. Pourquoi n'essayerait-on pas de jalonner de quelques flambeaux cette route *très obscure du début? Je résolus de consacrer un premier volume à la* Genèse du Désespéré. *Le « Désespéré » est le premier grand livre de Bloy. En-deçà, l'écrivain reste un inconnu. Au-delà, il devient le méconnu. Attirons l'attention sur l'inconnu avant de faire cesser l'injustice du méconnu. Aussi bien les deux travaux se compénétreront au point de former une seule œuvre.*

Voici ce premier volume. Il est d'allure historique. Je n'ai pourtant voulu en faire ni une « histoire » ni même une « vie romancée ». Je n'ai visé qu'à laisser s'exprimer Bloy lui-même autant qu'il se pouvait. Je me suis effacé sans aucune modestie; le sentiment des convenances et le souci d'éclairer le lecteur m'ont seuls guidé. Pourquoi raconter Bloy quand il se raconte lui-même? Qu'elle parle donc, cette voix magnifique du plus personnel des écrivains modernes. A ceux qui se plaindraient d'un tel luxe de citations, je ne pourrais que répéter : J'ai découvert un trésor ; je vous en fais part le plus largement que je puis, de quoi vous plaignez-vous? Mes citations sont, pour la plupart, des fragments inédits de lettres qui furent envoyées ou non, peu importe, et des passages empruntés aux plus anciens papiers de Bloy. Puisse la lecture de ces pages dessiller les yeux d'un grand nombre et tourner à la gloire de celui qui ne s'est appelé le « Mendiant ingrat » que parce qu'il était certain d'avoir plus donné que reçu.

D'aucuns trouveront peut-être que la présente biographie est incomplète. Elle l'est. Elle l'est volontairement, pour cette raison bien simple qu'une histoire détaillée et fouillée de Léon Bloy est encore impossible à écrire. Je n'ai voulu qu'établir à grands plans la figure du génial disparu. D'autres viendront plus tard, qui élèveront moins difficilement que moi le monument définitif.

LÉON BLOY A 18 ANS, PAR LUI-MÊME.

LÉON BLOY A 19 ANS, PAR LUI-MÊME.
(D'après un dessin au crayon.)

16-17

LA NAISSANCE DE CAIN MARCHENOIR

Saint Augustin dans ses *Confessions* (Ch. I, liv. III) compare les libertins à ces animaux galeux qui vont *se frottant* à tout ce qu'ils rencontrent. — Trad. Du Bois.

« Mon plaisir était d'être aimé aussi bien que d'aimer ; car on veut trouver *de la vie* dans ce qu'on aime. » (Id.)

C'est en 1879 que Léon Bloy mit cet exergue en tête de son cahier de « Notes ». Il avait alors trente-trois ans, et celui qui l'aurait épié ne l'aurait jamais vu que livré à l'angoisse. Cependant c'est un appel d'amour qui s'échappe de sa poitrine. Et ce « désespéré » l'emprunte au grand désenchanté que fut saint Augustin. Rencontre émouvante de deux esprits en quête de la vie indéfectible et de l'amour qui ne passe pas ; et pour qui la vie c'est l'amour et l'amour c'est la vie. L'iconographie du saint Évêque comporte un cœur enflammé ; c'est un cœur déçu qu'il faudrait donner à Léon Bloy. Non pas que Dieu lui ait manqué ; mais la terre n'a pas entendu le cri passionné de son amour. Bloy était né sous le signe des larmes : l'année 1846 fut celle de la Salette. Combien prirent au sérieux les larmes de la Vierge ? Il y eut, certes, des pèlerinages ; mais la Chrétienté ne fut pas décisivement ébranlée par ce prodige des prodiges : la Mère de Dieu pleurant devant deux petits montagnards au sommet d'une roche désertique.

Et le monde continua de mener sa petite vie ignoble. Il n'y avait dans la Chrétienté qu'un pèlerinage de plus. La Vierge avait pleuré en vain, sauf pour un très petit nombre d'âmes. Celles-là souffrirent en silence ; et sans doute le monde leur doit-il de n'avoir pas été carbonisé sous un nouveau déluge de feu. Mais jusques à quand le Bras du Fils pourra-t-il être retenu par la miséricorde suppliante de la Mère ?

Léon Bloy comprit l'effroyable danger que courait la société prévaricatrice. Il se sentit appelé à devenir le témoin de l'Apparition. Au fur et à mesure que s'éteindrait la voix, et que s'effacerait le souvenir des pleurs, il pousserait, Jonas moderne, sa clameur vengeresse, quoi qu'il en pût advenir, certain que l'obéissance à Dieu passe toutes les prudences humaines, et que nous sommes sur la terre pour souffrir.

N'était-il pas né l'année même de l'Apparition ? Il avait vu le jour le 11 juillet 1846, et Notre-Dame se présenta aux deux enfants le 19 septembre. Les pleurs du nouveau-né et les larmes de la Vierge furent ainsi versés presque en même temps. Pour qui n'admet pas le hasard, il y a là plus qu'une coïncidence : il y a une indication. Bloy devait la comprendre plus tard, grâce à la rencontre qu'il fit d'un prêtre admirable, serviteur très dévoué de la Sainte Vierge. Mais, dès le premier âge, la vocation de souffrir s'attestait en lui.

« Je suis — écrivait-il, en 1889, à sa fiancée — triste
naturellement, comme on est petit ou comme on est
blond. Je suis né triste, profondément, horriblement
triste et si je suis possédé du désir le plus violent de la
joie, c'est en vertu de la loi mystérieuse qui attire les
contraires... Mais voici une chose bien étrange et que
je ne prétends pas expliquer. Malgré l'attraction puissante exercée sur moi par l'idée vague du bonheur,
ma nature plus puissante encore m'incline vers la
douleur, vers la tristesse, peut-être vers le désespoir.
Je me rappelle qu'étant un enfant, un tout petit garçon,
j'ai souvent refusé avec *indignation*, avec révolte, de
prendre part à des jeux, à des plaisirs dont l'idée seule
m'enivrait de joie, parce que je trouvais plus *noble*
de souffrir moi-même en y renonçant... J'aimais instinc-
tivement le malheur, je voulais être malheureux. Ce
seul mot de *malheur* me transportait d'enthousiasme.
Je pense que je tenais cela de ma mère dont l'âme
espagnole était à la fois si ardente et si sombre, et le
principal attrait du christianisme a été pour moi l'immensité des douleurs du Christ, la grandiose, la trans-
cendante horreur de sa Passion. Le rêve inouï de cette
amoureuse de Dieu qui demandait un *paradis de tortures*, qui voulait souffrir éternellement pour Jésus-
Christ et qui concevait ainsi la béatitude, me paraissait
alors et me paraît encore aujourd'hui la plus sublime
de toutes les idées humaines. »

Il y a de l'atavisme dans cette appétence de souffrir, Bloy le reconnaît lui-même. Mais pourquoi cet
atavisme ne serait-il pas une préparation amoureuse
de Dieu ? Tous les saints ont subi de ces attractions
et de ces répulsions humaines. Ils furent tous, dans
le temps, fils ou fille de quelqu'un. Et un certain sang

coulait dans leurs veines. Mais cette filiation de la terre infirme-t-elle le travail de la grâce et la prédestination divine ? Que Léon Bloy fût prédestiné, qui oserait en douter ? On reconnaît le prédestiné à ceci, qu'il attire la souffrance. Or, comme le dit sa femme (préface du « Symbolisme de l'Apparition ») : « les tribulations vraiment excessives que semblait *attirer* Léon Bloy et qui se dressaient sur sa route avec une obstination diabolique semblent bien le privilège d'un Prédestiné. » Sa vie fut une suite non interrompue d'échecs, d'espoirs déçus, de trahisons d'amitiés, de duperies et d'humiliations. Rien ne lui réussit; strictement rien ne pouvait lui réussir, parce que le monde, c'est-à-dire le diable, reconnaît bien les siens et que Léon Bloy n'était pas du monde. Il saute aux yeux que Dieu ne permit jamais le succès de Léon Bloy. Lui-même eut souvent l'intuition de cet échec nécessaire. Il en souffrit horriblement, dans cette pensée que l'insuccès de son œuvre marquait l'insuccès même du Règne de Dieu. Et cette mystérieuse idée, il l'eut présente à l'esprit dès 1879, quand commença pour lui la grande tribulation.

*
* *

Léon Bloy, né à Périgueux, était le deuxième fils d'une famille qui en compta sept. Le père, conducteur des Ponts et Chaussées, ne professait d'autre religion que celle de l'honneur, de l'honnêteté foncière, du sacrifice au travail et au devoir. Homme intègre, mais pour ainsi dire, non vivant, automate aux impeccables ressorts contrôlés, véritable saint administratif, il ne put jamais rien comprendre à ce fils dont il voyait avec terreur se développer les merveilleuses inaptitudes. Bloy s'est souvenu de lui aux premières pages du « Désespéré » :

« Il me chérissait... à sa manière. Avant que j'eusse fini de baver dans mes langes, avant même que je vinsse au monde, il avait soigneusement marqué toutes les étapes de ma vie, avec la plus géométrique des sollicitudes. Rien n'avait été oublié, excepté l'éventualité d'une pente littéraire. Quand il devint impossible de nier l'existence du chancroïde, sa confusion fut immense et son désespoir sans bornes. Ne discernant qu'une révolte *impie* dans le simple effet d'une intransgressable loi de nature, mais absolument pénétré de son impuissance, il me donna, néanmoins, une preuve de la plus inéclairable tendresse en ne me maudissant jamais tout à fait... »

« Nous avions depuis longtemps cessé de nous écrire, mon père et moi. Hélas ! nous n'avions rien à nous dire. Il ne croyait pas à mon avenir d'écrivain et je croyais moins encore, s'il eût été possible, à la compétence de son diagnostic. Mépris pour mépris. Enfer et silence des deux côtés. »

Toute littérature mise à part, il est trop clair que ce père et ce fils ne pouvaient se comprendre. Dans la correspondance que Bloy entretint avec sa famille aux premiers temps de son installation à Paris, se font jour les mêmes incompatibilités d'idéal. Je trouve ceci dans une lettre à sa mère, du 24 juin 1874 :

« ...il n'y a pas dans notre pauvre famille une très grande confiance réciproque. Papa se défie un peu de moi, et moi je ne me sens pas à l'aise avec lui. Ce malheureux état de choses tient à une foule de circonstances fâcheuses, et je sens qu'il faut autre chose que des paroles pour y remédier. Papa voudrait me voir hors d'affaire et en état de gagner largement ma vie. Hélas ! j'ai entrepris une carrière difficile et longue qui mène quelquefois à la célébrité et rarement à la fortune. On me reconnaît quelque talent, et les moins disposés à me servir en conviennent. Mais quand même j'aurais du génie, il faut pour réussir promptement un certain nombre de choses que je n'ai pas. Il faut aimer le mensonge et mettre bien souvent de côté sa dignité. Ah ! ma pauvre mère, si vous saviez quel horrible milieu est le journalisme. De loin, cela peut paraître quelque chose de beau et de respectable, mais de près si vous saviez ce que c'est. Et cependant je me trouve dans un milieu relativement honnête. »

Bloy était alors à « l'Univers ». Mais le langage qu'il tenait à sa mère n'aurait jamais été admis par Jean Bloy, conducteur des Ponts et Chaussées, fonctionnaire émérite, méthodique dispensateur de l'avenir de ses enfants et qui ne pardonnait pas à l'un de ses fils de mettre en défaut la seconde vue paternelle. Cet excellent homme avait rêvé d'une vie uniforme et « sûre » pour chacun de ses enfants. Comment

« l'indocilité » de Léon n'aurait-elle pas pris à ses
yeux les proportions d'un crime de lèse-paternité ?
Il y avait dans ce petit bourgeois voltairien du
paterfamilias antique. N'est-ce pas lui peut-être
qui donna premier l'horreur du *bourgeois* au futur
auteur de « L'Exégèse des lieux-communs » ?

Madame Bloy (Marie-Anne-Césarine Carreau) était
d'une autre complexion morale. Ce fut une sainte,
au sens rigoureux du mot :

« Ma Mère — écrivait Léon Bloy, dans une lettre non
datée à une inconnue — est tellement sainte, elle a
tellement mérité de la Grâce Divine par des sacrifices
et des acceptations extraordinaires comme on n'en
trouve que dans l'histoire des plus grands saints, que je
suis Chrétien quand même je ne le voudrais pas. Et
Dieu sait si j'ai assez longtemps, assez fortement et
assez éperdument résisté ; mais l'admirable Immolée
dont je vous parle a fait pleuvoir autour de moi un tel
torrent de miséricorde qu'il a bien fallu que je ne
résistasse plus. »

Ceci n'est pas du développement littéraire. Madame Bloy fut vraiment cette mystique absolue,
cette pélicane ineffable qui s'ouvre une seconde fois
les entrailles pour le salut de ses fils, et qui, les ayant
engendrés à la vie du corps, les enfante, au prix de
sa mort même, à la vie éternelle. Écoutez donc ce
que le jeune homme confie à un inconnu (Marziou ?),
le 21 novembre 1875 :

« Ma mère, une chrétienne des anciens jours, une héroïne qui m'écrivait en 1870 : Mon cher fils, vous êtes cinq de mes enfants devant l'ennemi et pourtant je me consolerais plus facilement de votre mort que de ce qui arrive ; — ma mère bien-aimée priait pour moi, depuis mon enfance ; lorsque l'indifférence d'abord, la haine ensuite remplacèrent la foi dans mon cœur, elle redoubla ses prières, elle les fit plus ferventes, plus longues et plus profondes, elle alluma sur l'autel de son cœur un désir brûlant qui s'éleva perpétuellement vers Dieu comme la flamme d'un holocauste inextinguible. Pour moi je redoublai d'impiété. Les prières n'y faisaient rien, et la Grâce me trouvait toujours rebelle, fermé et inflexible. Un jour, ma Mère en méditant sur la Passion douloureuse du Divin Sauveur comprit que, Notre-Seigneur ayant racheté tous les hommes en pâtissant pour eux sans mesure et sans consolation, les chrétiens qui sont ses propres membres peuvent, selon la justice et selon la raison, prolonger ce merveilleux résultat et opérer relativement par leurs souffrances imparfaites ce que Jésus a absolument opéré par son inexprimable et parfaite douleur. Elle s'offrit alors à souffrir pour ses enfants et à porter leur pénitence. Dans un conseil d'une mystérieuse et ineffable sublimité, il fut arrêté entre elle et Dieu qu'elle ferait le sacrifice absolu de sa santé et le complet abandon de toute joie et de toute consolation humaine ; et qu'en retour, il lui serait accordé la conversion entière et parfaite de celui de ses enfants qui avait le plus grand besoin d'être converti. Ce marché prodigieux conclu en la présence et par la médiation de la Très Sainte Vierge, reçut son accomplissement immédiat dans la personne de ma Mère, qui perdit soudainement et irrémédiablement sa belle santé d'une manière aussi complète qu'il est possible sans que la mort s'ensuive. Sa vie devint un supplice de vingt-quatre heures par jour et pour que ce supplice fût bien en effet complet et ne laissât rien à désirer à l'extravagance sublime de l'héroïsme le plus exigeant, l'infirmité prit un caractère d'*humiliation* et d'*abaissement* physique qu'il est inutile d'exprimer ici. Pour moi, je ne connus ces choses que beaucoup plus tard et lorsque j'étais déjà devenu chrétien. Alors seulement je compris que ma Mère m'avait enfanté une seconde fois dans la douleur. »

Le contraste était donc parfait entre le père et la mère de Léon Bloy. Et l'écrivain trouva à son berceau les deux contradictions essentielles de la vie humaine. Entre ce réel qu'il appellera un jour ignoble et cet idéalisme dont il finira par découvrir l'inconcevable réalité, son choix ne pouvait être douteux. Cependant il s'efforcera longtemps de satisfaire le premier. Sa nature aimante devine bien ce qu'il y a au fond de tendresse cachée et de bonté dans son père positif et prudent. C'est pourquoi il s'ingéniera à vaincre sa nature sauvage pour devenir un élève passable puis un « bon employé ». Son « Journal » d'adolescent témoigne presque à chaque page de ces efforts qu'on devine surhumains. Hélas ! le jeune Léon ne pouvait se donner une autre nature. La sienne ne supportait le joug d'aucune règle fixe. Il fallut le retirer du collège où il se défendait à coups de couteau contre les brimades. Voilà donc ses études régulières interrompues. De là datent ses misères de paria. Il vécut et il dut vivre constamment en marge de la vie commune, sans un ami, sans un appui. Une anecdote de sa petite enfance préfigure assez l'homme qu'il sera plus tard. Sa mère lui raconta qu'elle l'avait installé un jour dans une petite chaise avec défense formelle d'en descendre. Mais on oublia le pauvre petit sur cette chaise-prison. Deux heures après on l'y retrouva *silencieux et tout en larmes*. Les larmes furent pendant soixante-dix ans le refuge de Léon Bloy. Il les aimait mystérieusement pour elles-mêmes et aussi parce qu'elles l'isolaient du monde. Dans ce désert qui faisait peur, on ne venait pas le relancer. Mais que pouvait devenir au milieu des hommes un homme aussi différent de ses « semblables » ? Il écrivait en 1891 à sa femme :

« Je suis le deuxième d'une famille de sept garçons et j'ai été, tu le sais, un enfant horriblement malheureux, moins à cause de la dureté systématique de mes parents, que je prie Dieu de bénir dans son éternité, qu'à cause de mon exceptionnelle nature qui me rendait inapte à l'acceptation des *nécessités* ordinaires. J'ai souffert pendant dix ans comme un très jeune damné, des hurlements de mes frères, dont je souffrais à la façon de Joseph, de n'être pas *adoré*. Ceci est vraiment à la lettre. L'explique qui pourra. Les cris de mes petits frères ont retenti comme des tonnerres imbéciles dans la caverne sonore de ma jeune âme. Et depuis ce temps lointain, les cris des petits enfants font sur moi une impression qui renouvelle toutes les douleurs de mon enfance. Je serais un sot si j'essayais de t'expliquer cela qui est pour moi-même une chose mystérieuse. Tu es peut-être la seule femme en état de me comprendre. Je te prie donc de ne pas t'affliger et de me regarder *dans la lumière...* »

Obéissons à cette demande sublime et regardons Bloy « dans la lumière ». Goethe mourant réclamait « plus de lumière ». Bloy fut installé tout de suite en elle. Il naquit en elle. Il vécut en elle et par elle. N'accumulons donc pas autour de lui la ténèbre de l'incompréhension voulue, c'est-à-dire des explications terre à terre, des gloses faciles et des excuses paresseuses.

« Dieu ne m'ayant pas honoré de la vocation sacerdotale, j'ai dû chercher ma voie dans un monde que je n'aime pas avec l'énorme désavantage d'être passionné pour ce qu'il méprise. »

Léon BLOY.
(27 août 1885.)

Est-il une situation plus lamentable que celle du génie naissant ? Sans doute, à l'âge mûr, il lui arrive d'être incompris. Mais que dire du début ! Celui que Dieu a marqué du sceau doit néanmoins se plier aux exigences de la vie commune. Discipline de la famille, discipline de l'école, discipline de l'éducation, jougs sur jougs, compressions sans pitié de l'indépendance nécessaire et de l'originalité précieuse ; l'inexorable société qui n'a en vue que sa propre conservation et son éternel renouvellement malaxe tant qu'elle peut le jeune être qui se cabre, pour en faire un individu comme les autres, docile, poli, souple, respectueux des routines et aussi dépouillé que possible d'idées personnelles. A ce compte elle accepte le nouveau venu, lui fait une « place », lui assure un avenir, c'est-à-dire le pain quotidien avec des perspectives de fortune et même de gloire. Le tout conditionné par l'acceptation de l'inévitable licol. C'est à prendre ou à laisser. Le vrai génie «laisse». Le voilà aussitôt mis hors la loi.

Sa détresse devient immense. Car enfin, qui l'as-

sure de la présence du don fatal ? Son entourage
n'y croit pas. Lui-même peut-il se fier à ce qui n'est
— sait-on jamais — qu'une apparence ? A-t-il le
droit de sacrifier à cette apparence les devoirs
requis par la réalité ? Le malheureux s'attelle alors
à l'impossible tâche de devenir un être « comme un
autre ». Et je suis avec constriction de cœur ce chemin de la croix d'un nouveau genre gravi par celui
qui deviendra au sommet le « Désespéré ». Ah ! il
faut venir en aide à ses parents ! Ah ! il faut faire
honneur à son nom ! Ah ! il faut occuper une fonction
digne de son état-civil ! Ah ! il faut étrangler la chimère, piétiner les vains Désirs, refouler la Poésie,
devenir un homme enfin, un architecte, un ingé-
nieur, un vétérinaire, un rond de cuir, se faire une
raison ! Voyez-vous Léon Bloy tenter de se « faire
une raison » ? A Périgueux, il travaille par à-coups ;
il dessine, il écrit ce curieux Journal dont la mono-
tonie inévitable ne doit pas faire sous-estimer la
valeur psychologique. Surtout il flâne, lutte contre
ce qu'il appelle sa paresse et compose une tragédie :
(une Lucrèce !)

« ...je suis monté pour travailler à ma tragédie, mais
les quelques vers que j'ai faits ne me satisfont pas ;
et puis ma tristesse me gagnait plus forte que jamais.
J'ai laissé là la tragédie et je me suis demandé s'il ne
valait pas mieux faire une autre pièce de vers ; car mon
élégie m'ennuie, je crois, parce que j'ai voulu faire
des vers courts, tandis que je réussirais bien mieux,

je crois, dans des vers alexandrins. Je ferais une pièce
de vers ayant pour sujet une nuit de fièvre. Le poète
irait en rêve dans les cieux ; il ne verrait partout que
triomphe et que séraphins ; de divines mélodies reten-
tiraient à ses oreilles, une lumière immense et inconnue
de nous autres hommes l'entourerait et à travers des
milliers de mondes, dont les hommes n'ont jamais connu
la grandeur ni la durée, la terre lui apparaîtrait si
petite, si odieuse. Mais tout à coup il croit voir s'obscurcir cette lumière ; cette sublime musique ne s'entend
plus que faiblement pour disparaître entièrement ; un
trouble terrible vient le rappeler à lui-même, il croit
s'être heurté contre la terre en y retombant : il vient
de s'éveiller. Cette poésie faite, je l'enverrai à M. Mas-
sombre pour son journal, sans nom d'auteur ; et mon
œuvre ainsi publiée, si elle est belle, sera dans toutes
les bouches de Périgourdins. » *(Journal, lundi 7 avril
1862)*.

Cette « Lucrèce » et ces vers sublimes le distraient
apparemment de ses devoirs d'état, puisque je lis,
dans le même Journal, à la date du 13 mai 1862 :

« Papa est venu m'accabler de reproches. Cette
tragédie qui m'occupe tant et dont il ne connaît pas
l'existence, il prend l'état dans lequel la préoccupation
m'en met pour une démence passagère qui me rend
défiant de tout et dégoûté de tout jusqu'au plaisir qu'il
me procure, dit-il, qui me semble un sacrifice fait à sa
volonté. Il est vrai que hier soir j'étais dans un état
d'esprit tel qu'alors qu'il m'a offert le plaisir d'entendre la musique du mois de Marie j'ai paru peu ai-
mable. Je souffrais cruellement durant ces paroles ;
aussi la matinée que j'ai passée après cette scène
a-t-elle été des plus déplorable. Le malaise matériel

dont je me ressentais hier était presque passé ; mais la souffrance d'esprit était pis encore. C'était, dois-je le dire, une sorte d'aspiration vers la mort que venait rendre plus horrible encore un temps affreux de mai qui menace de durer indéfiniment... Quand à 1 heure j'ai été au bureau j'étais mieux, beaucoup mieux fort heureusement ; car si cette situation avait duré deux jours j'aurais perdu la raison ou je me serais tué. J'ai même pu plaisanter ce soir au bureau ; car chez moi les changements sont aussi brusques que les crises sont douloureuses. »

Il semble que son père l'ait attaché à son bureau des Ponts et Chaussées. Le malheureux y « lave » des chapiteaux doriques avec une coupable lenteur. Les leçons de dessin au crayon, à la plume, les leçons de piano n'ont pas plus de succès. Évidemment l'esprit de l'adolescent est ailleurs. Où ? Nulle part encore. Il flotte, nébuleux ; et c'est la grande détresse des hors-la-loi qui commence. Un jour, n'y tenant plus, il avoue à son père l'existence de la tragédie :

« Poésie de 1 à 2 heures. Cinq vers. Et comme la colère de Papa prenait des proportions effrayantes et qu'elle allait jusqu'au désespoir, en sortant du bureau ce soir (16 juin 1862), nous deux étant seuls, je fis part à Papa de mon projet de tragédie. Peindre son étonnement serait peu possible ; je ne l'essaierai pas. Mais, après le souper pendant lequel je n'ai pu rien prendre tant mon émotion était grande, je lui ai lu quelques-uns de mes vers que je jugeais les meilleurs. J'étais haletant d'anxiété. Il m'a répondu froidement que ce n'était pas des vers que j'avais faits et que je ferais bien d'en suspendre la lecture. Je n'aurais jamais cru pouvoir souffrir tant qu'en ce moment. Mais mon état tenait du délire. Je me mis au piano ; les doigts me manquaient. Mon cœur gonflé ne pouvait pas trouver de larmes et pourtant elles m'auraient fait beaucoup de bien. C'est dans cette situation que j'ai très bien étudié le piano, surtout dans la dernière heure. Ce travail me remit un peu.

. . . .

(17 juin 1862, mardi)... Poésie, je n'en ferai plus. »

Deux ans plus tard, le jeune homme était à Paris, en quête d'une situation que ne pouvait lui offrir Périgueux.

Léon Bloy a dix-huit ans. Il porte sur son visage toute l'anxiété et toute l'impatience de son âme. Son portrait, peint par lui-même à cette époque, s'intitule : « Promesses d'un beau visage — nov. 1863 ». Bloy y apparaît robuste et vraiment beau. Voici déjà les puissants sourcils, les deux tragiques rides verticales à la naissance du nez, les yeux larges au regard direct, regard à la fois de Méduse et d'homme traqué. On dirait qu'il ronge son poing gauche; et il fait songer à Ugolin. Surtout il procure une indéfinissable sensation de défi et d'angoisse. C'est l'expression d'un homme qui porte un monde et qui ne sait où ni comment le déposer. C'est encore celle d'un être qui étouffe et qui se tourne vers l'appel d'air libérateur. Dans ce prodigieux portrait, Bloy semble dire : Est-il donc si difficile de me comprendre et si malaisé de me satisfaire ? Ce cri, il le poussera désormais des milliers de fois. Il en fera retentir d'innombrables lettres. Mais ce sera en vain. Le monde ne reconnaît que les individus nés de son stupre.

Dans quel esprit le jeune homme débarqua-t-il à Paris en juin 1864 ? Il ne l'a pas dit ; mais on le devine. Il était dévoré de passions déjà, et déjà incapable de s'astreindre à une règle, fût-ce celle de l'amitié. Il avait, à l'entendre, perdu la foi. S'il prenait cette affirmation au pied de la lettre, le lecteur risquerait de s'égarer. Je ne crois pas que Bloy ait « perdu » la foi. Mais il fit comme tant d'autres : il négligea de s'en servir. Dans ces conditions, il arrive qu'elle repose comme un résidu au fond du cœur, comme un amas de cendres d'où peut jaillir pourtant un jour la rédemptrice étincelle. Bloy avait si peu « perdu » la foi qu'il avoue lui-même, dans une lettre datée de 1875, l'espèce de haine dont il se sentait animé contre Jésus et son Église. On ne hait pas ce en quoi l'on ne croit plus. La haine est au contraire un fruit de l'amour. Et la foi est amour, surtout chez un homme de la nature de Léon Bloy. L'aventure qu'il déplore est, en somme, banale. Elle se retrouve à l'aube de tant de vies humaines. Mais elle ressemble plus à une épreuve providentielle qu'à une déterminée apostasie. Cette foi qu'on a reçue au baptême ne résiste pas toujours à l'emportement sensuel des quinze ans.

La première poussée du sang orgueilleux rompt facilement toute barrière. L'accès passé, il reste des ruines. De ces ruines, l'homme médiocre, l'homme animal s'accommode ou n'en a cure. Il va son chemin, inconscient de sa propre déchéance. Mais le prédestiné ne fait pas aussi bon marché de la vie profonde. Il se sait diminué et il en souffre. Cette souffrance inquiète est le point de départ de son salut. L'étincelle jaillit du tas de cendres et rallume l'incendie désormais inextinguible. L'homme a retrouvé le principe de vie.

C'est à la lumière de ces réflexions qu'il faut lire le passage suivant d'une lettre du 21 novembre 1875 :

« Il me suffira de vous apprendre qu'ayant été élevé chrétiennement, je perdis la foi de bonne heure. Dès l'âge de 15 ans, l'extrême furie des passions naissantes avait tout emporté. Plusieurs années s'écoulèrent ainsi pendant lesquelles l'Orgueil, la Sensualité, la Paresse, l'Envie, le Mépris, la Haine la plus féroce s'accumulèrent en moi et grandirent jusqu'au paroxysme. Il y eut un moment — et c'était à la veille de la Commune — où la haine de Jésus et de son Église devint l'unique pensée de mon esprit et l'unique sentiment de mon cœur. C'était en moi la passion la plus intense et la plus fougueuse, une de ces passions surnaturellement profondes, qui paraissent tenir à l'essence même de l'âme. De même que Dieu, du fond de son éternité, se choisit à l'avance parmi les enfants des hommes des saints pour porter sa gloire, de même il semblait que je fusse l'objet d'une espèce de diabolique prédestination et qu'ayant été choisi entre cent mille scélérats pour accomplir la besogne d'un démon, je dusse porter pendant toute ma vie sur mon âme désespérée l'épouvantable fardeau de la réprobation de l'enfer. »

Il y a beaucoup de littérature là-dedans. Cependant le pur Léon Bloy se trahit par l'expression : « une de ces passions surnaturellement profondes. » On sent la griffe, la marque de fabrique, le coup d'âme. De cette furieuse vie morale à l'envers presque rien n'apparaît dans le Journal du jeune homme. La partie de ce document qui se rapporte aux derniers temps de Périgueux (1862) ne collationne guère que des détails de ménage ou d'instruction. L'année 1864, qui est la première de Paris, semble aussi banale. Léon Bloy a trouvé un emploi chez l'architecte principal de la Compagnie d'Orléans, un M. Renaud, camarade d'enfance de son père. Il y gagne cent francs par mois ; et il habite au nº 91 de la rue Saint-Victor. Le 10 juin il commence à fréquenter l'École de Dessin (cours d'arithmétique et de géométrie). Ce qui revient le plus fréquemment dans le « Journal » c'est une bizarre accusation de paresse qu'il convient d'élucider. Ce que Léon Bloy appelle de la paresse me paraît ressembler singulièrement à une impossibilité congénitale de s'adapter. On sent percer, en effet, sous les maladresses du texte, le dégoût de toute contrainte et la difficulté croissante pour un esprit libre de demeurer en cage la plus grande partie du jour. On sait — ou l'on ne sait pas

— qu'il est immoral de traiter de paresseux un
artiste sous prétexte qu'il ne « fait » rien, au moment
où on l'observe et où tous les autres travaillent. En
réalité, ce paresseux peine dur. Mais son labeur agit
dans l'invisible. D'où les méprises souvent tragiques
qui créent des conflits entre l'employeur et l'employé. Léon Bloy s'évertua consciencieusement et
sincèrement à devenir un « bon employé ». Il s'écrie
même à un endroit de son Journal :

« Décidément je crois que le pli est pris de ce côté-là ;
je deviens un bon employé. »

Il était simplement en train de devenir un pauvre
homme. Il s'analyse avec anxiété et minutie. On
sent qu'il se cherche et qu'il est pour lui-même un
objet de curiosité angoissée :

« J'ai une habitude détestable s'il en fut et qui pourra
bien me nuire ; celle de ne jamais peser mes actions,
d'agir toujours comme si j'avais beaucoup de temps
à dépenser et le plus souvent de revenir sans motif
vers une résolution prise à l'avance au lieu d'aller
sûrement, et avec une énergie prompte, au but que ma
pensée aurait marqué d'avance. Je revins sur mes pas ;
pourtant j'étais presque à la Bastille. Inutile de dire
qu'il était trop tard désormais pour aller à l'École de
Dessin. Alors, au lieu d'écrire à Papa ou à M. Dose
comme j'aurais dû le faire, il me vint l'idée la plus
extravagante, celle d'aller à pied me promener au Bois
de Boulogne après avoir visité l'Arc de Triomphe, et je
le fis. J'admirai l'effrayant monument et je vis enfin
des arbres en plein air et du gazon. Je dormis même

quelques instants sur une banquette et je revins à minuit passée de beaucoup. Je me jetai vêtu sur mon lit. » *(Journal du 21 juin 1864).*

Il sied d'éclairer ce journal d'allure anodine par les lettres que le jeune expéditionnaire adresse à ses parents et par les réponses de ceux-ci. Les lettres de Léon Bloy sont des cris d'angoisse qu'on devine prêts à se muer en cris de colère. Dès la fin de 1864, il annonce à son père sa volonté de renoncer à la carrière d'architecte pour devenir peintre. Le 10 mai suivant, il entre à l'atelier de Pils, à l'École des Beaux-Arts. Le père s'effare et se cabre. Il croyait sans doute son fils guéri du vice de vagabondage intellectuel et rangé à son exemple dans les brancards tutélaires de l'Administration. Il le voyait devenir Architecte patenté, chargé par le Gouvernement d'élever des Gares et des Bourses du travail. Eh ! non ; l'imbécile quittait cette carrière ouverte et facile, pour se faire rapin. Ce serait donc toujours la même chose ! L'enfant prodigue ne rentrerait donc jamais au bercail. Le père lui avait pourtant enseigné la voie droite. Il lui avait assez décrit les dangers de l'amateurisme artistique. Dans des lettres qu'il devait juger très belles parce que très sages il croyait l'avoir éclairé sur les moyens de faire fortune avec la manière de s'en servir.

« Ton journal peut te rendre les plus grands services : outre l'habitude d'écrire qu'il te donnera, il t'habituera à penser, à coordonner tes idées ; qu'il soit surtout un Mentor au sujet des devoirs que tu as à accomplir envers toi-même : quant à ton corps (santé, propreté), quant à ton âme (pureté, noblesse), quant à tes habitudes (dignité, décence), quant à ton chef (dévouement, politesse), quant à tes amis (déférence, affection), quant à ton avenir (travail assidu, constance), quant à tes parents (confiance absolue, amour). » *(5 mars* 1866).

Ce sont là les conseils d'un Tobie laïque à son fils. Conseils corrects, glacés, compassés, hiérarchisés, administratifs et si bien pensants. Il faut dire à la décharge du père Bloy que ses habitudes d'esprit ne le prédisposaient pas à recevoir d'un « enfant » des confidences du genre de celle-ci :

« Et puis, considère ce que je suis, quels sont mes besoins à moi, mes goûts, ma vie passée ; ils ne ressemblent en rien à ceux des autres, je suis au milieu de la plupart d'entre eux comme égaré. Ne voulant pas me faire de camarades, je n'y ai pas foi ; il me faut un ami que je sente toujours près de moi, dont l'appui ne me fasse défaut en aucune circonstance, que je puisse aimer enfin : car, je sens très bien, rien ne saurait m'être plus nuisible que la solitude. Je suis fait de telle sorte que, malgré moi-même, je finirais par l'aimer par-dessus tout, et cette propension m'épouvante. » *(17 octobre* 1864).

Ce besoin d'aimer, de se confier, d'exiger la réciproque en amitié, cette édénique et invraisemblable naïveté, c'est tout Léon Bloy. Elle fit de lui — selon

sa propre expression — un désespéré, mais un désespéré par amour, c'est-à-dire un maudit que la
moindre marque d'affection ou de confiance replon-
geait dans le ravissement trompeur. Elle explique
le portrait à dix-huit ans, masque tragique d'une âme
bouillonnante et ingénue, que la veulerie et la dupli-
cité courantes pouvaient pousser aux pires violences. Mais Jean Bloy ne voyait en Léon Bloy que
le fils, c'est-à-dire le sosie du père. C'est pourquoi
il répond aux lettres angoissées du jeune homme
par des missives qui ne pouvaient qu'envenimer
leurs rapports.

« Ta dernière lettre sent le désespoir. Qu'y puis-je ?
Cet état empirera très certainement et se terminera
par une catastrophe ; telle est ma conviction et cela,
par l'excès, par la rage folle d'un noble désir. Enfant
et comprenant la triste position dans laquelle je me
trouvais, **tu as** voulu gagner le prix de poésie de dix
mille francs et avant que d'avoir vécu, sans aucune
connaissance littéraire et philosophique tu as voulu
faire une tragédie et tu y as consacré en cachette un
temps considérable qui pouvait mieux être employé ;
plus tard quelques succès en dessin t'ont fait croire
que tu étais né peintre, et ce n'est qu'au dernier moment
et après une lutte des plus opiniâtres que j'ai obtenu
de toi que tu consentes à apprendre à écrire et à des-
siner au tire-ligne. Ce sont ces deux connaissances qui
t'ont procuré un gagne-pain. J'aurais voulu qu'autant
par reconnaissance que pour améliorer ta position,
tu emploies toute ton énergie à apprendre la profession
de ton patron. Tu n'y as apporté que ton temps de

bureau et tu t'es volontairement privé d'avantages pécuniaires et de bonnes relations que tu aurais pu avoir avec mon avis et cela par impatience d'arriver plus vite à une position brillante dans les arts du dessin pittoresque et me venir en aide, je crois. C'est ici un peu l'histoire de la proie et de l'ombre. »

Humainement parlant, le brave homme a raison. Mais qu'il est donc loin de la supérieure vérité humaine qui est poésie et charité ! On imagine fort bien la position de Léon Bloy dans ce milieu de tire-ligne et de gâte-métier. Il y passe quelques années de désordre absolu. Son intelligence qui s'éveille énumère avec effroi les connaissances primordiales qui lui manquent. Le moyen, hélas ! de les acquérir puisque l'argent fait défaut et qu'il faut avant tout « gagner » sa vie ? Son cœur y éprouve ses premières déceptions. Il prend contact avec l'égoïsme du monde ou, ce qui est pis, avec son imbécillité. Un fond de colère commence à s'amasser dans l'âme précocement désabusée du jeune homme. De quel côté se tourner ? Où se prendre ? Et de qui ou de quoi s'éprendre ? Voilà une âme vide de Dieu, que les hommes déçoivent inexorablement. C'est vers l'homme pourtant, c'est-à-dire vers la terre, qu'elle se tourne d'abord. Elle devine un hâvre dans la pratique de l'Art, unique créature qu'elle estime désintéressée et donc vraiment belle. A la lumière de cette réflexion, l'architecture lui apparaît tout

à coup comme une camelote, un dévoiement de cet
Art véritable. La résolution alors est vite prise : adieu
à l'épure et au lavis trop utilitaires. Bloy va demander son salut à la peinture. Cependant les années
passent. De quoi se repaît son âme affamée ? Il lit
« Notre-Dame de Paris », « les Châtiments ». Il se
débilite par d'interminables discussions esthético-
philosophiques avec les camarades de bureau. De
Dieu, il n'en est presque jamais question. Dieu pourtant n'est pas loin. Il se tapit pour Léon Bloy non
dans l'art plastique mais dans la littérature. Il n'est
ni dans les bureaux ni dans les ateliers, mais dans
une humble chambre de la rue Rousselet. La main
de Dieu ménage à sa prochaine proie un logement
rue Rousselet, en 1866. Bloy se rapproche ainsi de
son destin. Sa mère suit anxieusement les soubresauts d'une âme dont elle ne sonde qu'avec effroi
l'abîme. Ses lettres sont humbles, calmantes, dorlo-
tantes ; elles veulent endormir la douleur de l'enfant
malade :

« D'où vient, cher enfant, que tu ne nous écrives pas,
je me sens le cœur tout malheureux car je sens que tu
souffres, je suis sûre que tu ne te rends pas bien compte
de ce qui se passe dans ta pauvre âme ; il y a un peu
de tout, elle est ardente et manque de l'aliment qui
lui est propre, tu te tournes tantôt d'un côté tantôt
d'un autre et tu ne peux définir ton mal. Ah ! pauvre
enfant, calme-toi un peu, réfléchis. Ce ne peut être
parce que tu crois ton avenir perdu ou compromis,

à ton âge on n'a pas pu faire encore son avenir ou en
désespérer ; il est encore ordinairement bien incertain ;
non ce n'est pas cela, tes études, ton travail te laissent
sans progrès qui te satisfassent, pourquoi ? parce que.
peut-être tu veux trop de choses à la fois, que tu es
trop impatient ; non, ce n'est pas encore cela. Ton
esprit voudrait, mais ton âme, ton cœur souffrent,
et ont d'autres besoins, d'autres aspirations, sans que
tu t'en doutes et leur malaise et leur souffrance réa-
gissent sur ton esprit et lui ôtent la force et l'attention
nécessaires.

Tu souffres, tu es malheureux. Je sens tout ce que
tu éprouves, et cependant je suis impuissante à te
consoler, à t'encourager, je voudrais cependant. Ah !
que n'avons-nous les mêmes convictions ! Pourquoi
as-tu rejeté sans un profond examen la foi de ton
enfance ? Les propos de ceux que la foi gêne, ou qu'un
manque d'instruction a perdus, ont fait impression
sur ta jeune imagination ; et ton cœur cependant a
besoin d'un centre qu'il ne rencontrera jamais sur la
terre. C'est Dieu, c'est l'infini qu'il te faut et vers lequel
te poussent toutes tes aspirations. Tu es du nombre
restreint de ces élus auxquels Dieu se communique
et prodigue son amour, lorsqu'une fois ces hommes
ont voulu faire acte d'humilité en se soumettant aux
obscurités de la foi.

Dieu te donnera la science, les arts ; ah ! si tu puisais
à l'infini, jusqu'où peux-tu atteindre !... Comme la
créature si près de son Dieu sent se développer ses
facultés et comme alors ses conceptions deviennent
sublimes !

Moi qui n'étais qu'une petite fille, ô mon Ami, si je
pouvais te dire toutes les extases et les ravissements
qui, lorsque j'étais à ton âge, ont transporté mon âme,
une exaltation et une illusion momentanées n'auraient

pu m'occasionner de telles jouissances, aux pieds du tabernacle, aux pieds de Jésus crucifié, il n'y avait plus pour mon âme de monde ici-bas, les plaisirs, les fêtes, toutes les jouissances qu'il nous offre étaient moins que rien pour moi. Oh ! il me semble qu'au sortir de ces entretiens avec mon Père, j'étais plus forte qu'une armée, j'aurais affronté le martyre avec joie et toute difficulté semblait disparaître.

Ah ! quels ravissements ! Tout dans les œuvres de Dieu m'attendrissait, le chant d'un oiseau me faisait tressaillir, et j'aimais Dieu. Une fourmi me remplissait d'admiration, et j'adorais Dieu. Un être souffrant me faisait souffrir, et je suppliais Dieu d'avoir pitié de sa créature. Tout, tout dans la nature me criait Dieu et son amour. Voilà la poésie dans les pensées, voilà la sublimité dans les œuvres, voilà l'amour sans bornes du prochain, voilà l'oubli de nous-mêmes pour nous perdre tout en Dieu. Alors avec saint Augustin je répétais dans le ravissement : Je vous ai aimée trop tard, beauté ancienne et toujours nouvelle !... »

De telles lettres devaient remuer le cœur si sensible de Léon Bloy. Elles contrastaient mystiquement avec les recommandations prudhommesques du père. Les unes et les autres collaboraient pourtant au dessein de Dieu. J'imagine fort bien ceci : l'âme de Léon Bloy suspendue entre ciel et terre, libérée autant que possible de tous liens, aspirant à vivre de sa vie propre, à être libre, sublime, aimante, aimée et glorieuse. Le christianisme qui ne lui était qu'une entrave a fondu au feu de la première passion. Mais l'âme ne s'est pas rejetée du côté du monde : horreur instinctive d'abord, mépris ensuite. Le mépris lui fut versé par les lettres mêmes de Jean Bloy. Elles révélaient au jeune homme la sagesse du monde, l'idéal du monde, sa vertu, sa résignation et sa raison de vivre. C'est pour cela que nous sommes sur terre, lui disaient-elles inconsciemment, que nous faisons partie d'un certain clan et d'une certaine race. Le premier sursaut de conversion dut venir au jeune indécis de la lecture de ces pauvres et chagrines missives. Elles ne le rejetèrent pas à Dieu ; mais elles le dégoûtèrent sûrement un peu plus du médiocre, du tranquille et du « tout fait ».

Mais, par les lettres de la mère, c'est le cœur qui parle au cœur, seul mode de langage que Bloy comprît et acceptât sans murmure. Qu'un étranger croise sa route et lui parle avec cette plénitude spirituelle, ce sera le retournement complet. Quoi ! en un tournemain ? Mais oui ; Bloy était tout d'une pièce : il se donnait ou se refusait entièrement.

Or cet étranger magnanime vivait à deux pas de lui, dans cette provinciale rue Rousselet aujourd'hui deux fois illustre. C'était Barbey d'Aurevilly.

Le rez-de-chaussée de la maison de Barbey était occupé par un libraire. Un jour que la faim le talonnait plus que de coutume, Bloy prit ses livres, les entassa sur une charrette à bras et s'en fut les offrir au revendeur. C'est alors qu'il vit passer l'homme des « Diaboliques » qui rentrait chez lui. Renseigné par le libraire, il planta là sa marchandise et s'engagea dans l'escalier sur les pas de l'illustre maître. Arrivé au palier de sa chambre, Barbey se retourna et lui demanda :

— Que désirez-vous, jeune homme ?

— Vous contempler, répondit Bloy.

Barbey ouvrit sa porte, introduisit son visiteur, s'assit dans un fauteuil et lui dit :

— Eh bien ! contemplez-moi.

Une amitié singulière naquit de cette pittoresque rencontre. Barbey séduisit Bloy au point que celui-ci pouvait dire, de longues années plus tard, à René Martineau : « J'aurais aimé de lui n'importe quoi... »

Voilà, mon très cher abbé, les suaves
et sereines choses qui étaient en moi,
quand je connus M. d'Aurevilly, lequel
transperçant d'une *sagète* légère le mas-
todonte d'orgueil, me fixa comme une
chouette pieuse à la porte rayonnante
de l'Église de J.-C.

(Lettre à l'abbé Angers, 1er mars
1882.)

Excepté Dieu, tout m'est égal.

(Lettre à Blanc de St-Bonnet,
octobre 1873.)

Cependant, à bien considérer la vie surnaturelle,
Barbey d'Aurevilly faisait piètre figure de chrétien.
Chrétien il l'était certes, mais plutôt devant les
hommes que devant Dieu. Il était chrétien par atavisme, par éducation, par conviction ; chrétien de
race, par penchant naturel et aussi par raisonnement.
Ses études préférées étaient chrétiennes ; ses livres
étaient chrétiens ; mais, par une contradiction qui
ne paraîtra singulière qu'à ceux qui ignorent les sub-
tilités déconcertantes de la faiblesse humaine, sa vie
intérieure ne l'était pas toujours. Cette anomalie fit
le tourment de Léon Bloy qui, une fois converti,
entreprit d'obtenir du Ciel la conversion de son convertisseur. Drame poignant dont les historiens littéraires n'ont pas soufflé mot mais qu'attestent de nom-
breuses lettres de Bloy. Celle-ci, entre autres :

« Mon Dieu ! pourquoi certaines choses qui pourraient
paraître peu importantes ne sortent-elles plus de la
mémoire ? Je ne puis oublier le tressaillement intérieur
que je sentis chez vous au mois de juin dernier lorsque
vous me lisiez cette lettre de l'abbé Davin. Vous n'avez

pas vu alors que j'étais sur le point de fondre en larmes
devant vous. Je voyais ou je croyais voir très nettement
Dieu lui-même dans tout cela, Dieu qui est visiblement
affamé de vous et qui emploie toute sa puissance à
vous tirer à lui. Je me souviens très bien, c'était la
fête de S. Pierre et S. Paul, le quatrième anniversaire
du jour de bénédiction où je suis revenu *par vous*, définitivement, irrévocablement et sacramentellement à
Notre-Seigneur Jésus-Christ. La douceur céleste de
cet instant ne tombera jamais de la mémoire de mon
cœur. Ah ! vous que j'ai tant de plaisir à nommer mon
Cher Maître, je vous aime d'une façon qui n'est pas
vulgaire, croyez-le bien et je suis profondément affligé
de voir que vous êtes si éloigné des plus doux sacre-
ments. En vérité, je voudrais souffrir pour vous, si
cela devait servir à votre avancement et si l'occasion
m'en était offerte. Mais quand je vous parle de ces
choses, vous riez et mon éloquence n'a pas le temps de
sortir. C'est désolant. Je vous ai dit qu'il m'avait été
accordé de recevoir Jésus tous les jours et j'en éprouve
une consolation extrême au milieu de chagrins et de
contradictions qui seraient insupportables sans cela.
Combien de fois, depuis mon retour à Paris, ai-je couru
chez vous, impatient de me jeter à vos pieds et de vous
supplier d'avoir pitié de votre âme... Mais devant vous
ma force s'en allait tout de suite, je ne sais comment.
Quand je considère ce que Dieu ferait dans une âme
comme la vôtre si elle se donnait à lui, votre résistance
continuelle me plonge dans une tristesse si noire et si
profonde que je ne sais plus où prendre du courage.
Vous m'avez fait pleurer plus d'une fois au pied de cet
autel de Jésus-Christ où je ne peux oublier que vous
m'avez précipité et je pleure encore en ce moment.
Je vous connais bien. Vous êtes fort, mais vous avez
dans le cœur des tendresses exquises qui vous porte-

raient vite à l'amour parfait, vous auriez le don des larmes, j'en réponds, et vous feriez pour Jésus-Christ les plus belles choses du monde.

Tenez, je me place à un point de vue mystique que je développerais doctrinalement si j'avais à écrire sur la communion des saints et je prétends que, ayant été converti par vous, vous me devez, à votre tour, votre conversion. Vous avez été la torche par laquelle Dieu m'a incendié, et il n'est pas possible que les prières que vous avez allumées en moi ne finissent pas par vous échauffer vous-même. Je ne cesse d'espérer qu'un jour nous mangerons ensemble le pain des forts à la Table de Jésus-Christ et je ne saurais vous dire les élans de joie que me donne cette seule pensée.

A Dieu, vous ne saurez que dans le ciel ce que j'ai dans le cœur pour vous. » (11 *décembre* 1873.)

Ces textes sont explicites et décisifs. Bloy accuse devant Dieu Barbey de l'avoir converti. En représailles, il le somme d'avoir à se convertir lui-même. Le « connétable » goûta-t-il la beauté de cette chevalerie? En tous cas, elle peint Bloy en pied. Son retour à Dieu fut absolu, foudroyant. Ni bavures ni commissures. Cette conversion ressemble aux splendides blessures médiévales produites par ces épées à poignée en croix qui coupaient en deux proprement et d'un seul coup le cavalier et le cheval. Le jeune homme fut donc atteint dans ses œuvres vives. Mais peut-être est-ce là ce que Barbey ne parvint jamais à comprendre, ne soupçonna même pas. Bloy était un gouffre. L'art de Barbey, si profond qu'il fût lui-même, ne le pouvait sonder. En admettant qu'il l'aperçût, j'imagine qu'il dut se cabrer de toute la hauteur de son reste de dandysme. Après tout, d'Aurevilly admettait Paul Bourget. Mais Dieu utilise à ses fins adorables les instruments les moins subtils ou les plus inaptes. Ceci au rebours de l'homme dont la marque est d'exiger les outils du tout dernier modèle. Ce retournement de Bloy par Barbey est un de mes mystères. Je sais bien qu'il y eut l'appât de l'art éblouissant, l'appât aussi de l'amitié toute-puissante et qui semblait totale, celui enfin de l'exemple. Tout de même, quel écart immédiat entre le maître et le disciple !

A vrai dire il y eut d'autres influences. De bonnes âmes, moins profondes que celle de sa mère, mais tout aussi pieuses intercédaient pour le jeune homme 'auprès de Dieu. Bloy le reconnaît lui-même ; témoin ce passage d'une lettre à Lucie Daussin, la sœur de son ami d'enfance, Victor (7 décembre 1873) :

« Il est bien entendu, n'est-ce pas, que toutes les choses que je viens de vous dire sont *pour vous seule*. Il est tout naturel que je vous les dise après tout ce qui s'est passé entre nous. N'avez-vous pas été vous-même l'instrument de ma propre conversion ? Dieu depuis trois mois me fait parcourir la vie spirituelle à grands pas. Il ne me laisse pas le temps de respirer. A ce train-là, je dois croire qu'il veut me mener loin, et cette pensée me fait mourir de joie. He bien ! n'avez-vous pas été la cause de tout cela ? Ce souvenir doit même vous consoler délicieusement. C'est à la communion quotidienne que je dois tout, et c'est *uniquement* à cause de vous que je me suis jeté dans cette bienheureuse et salutaire pratique qui, auparavant, ne me paraissait accessible qu'aux parfaits. »

Mais n'allez pas croire que Bloy, redevenu chrétien par une fulgurance intérieure, connût désormais ce que les manuels appellent : la joie des enfants de Dieu. Bloy était de ceux qui ne peuvent se réjouir, comme Ruysbroeck, « qu'au-dessus du temps ». Et puis sa nature puissante regimbait contre l'aiguillon. Il dut y avoir, à cette aurore d'une vie toute d' « absolu », de terribles moments de lutte (et l'amour charnel n'était pas encore entré dans cette âme). Bloy connut tout de suite le panorama décevant du monde sur lequel plane l'amour désolé de Dieu. Il devina la souffrance déjà soufferte et celle qui restait à souffrir. Il vit les dessous parfaitement hideux et malpropres de ce monde qui ne veut plus admettre qu'il fut racheté un grand prix. Or il se sentait circonvenu par ce monde qui était le lieu de sa misère. En vérité, ces premiers temps de vie religieuse furent une sorte de Jardin d'Agonie :

« Je vous ai déjà dit — écrit-il à sa mère — que j'étais redevenu chrétien. Rien n'est plus vrai, et j'ajoute que ma conviction catholique ne fait que grandir en moi au point d'exclure toute autre préoccupation intellectuelle. Le sentiment profond de la vérité révélée me fait aujourd'hui mépriser les doctrines impies de nos jours et les sciences orgueilleuses qui en sont la source et qu'on voudrait substituer à la foi.

Mais oserai-je vous le dire, c'est là toute ma transformation. Des trois vertus qu'il faut avoir pour accomplir son salut je n'ai que la première, la foi ; je ne possède ni la puissance du désir ni la certitude de l'amour. Et cependant je suis tellement pénétré des vérités de l'Église que je ne puis entendre le mal affreux qu'on en dit aujourd'hui partout sans pâlir de douleur et de colère.

Je ne puis entrer dans une église sans verser des larmes comme un exilé qui verrait de loin sa chère patrie. Personne au monde ne regarde comme plus profondément vraie, sainte et pure l'Église de N.-S. J.-C. que je ne le fais. Depuis un an ma jeune foi a été passée au creuset de ma jeune raison et jamais, je le dis en tressaillant de joie, jamais elle n'a défailli. Ma raison qui craignait orgueilleusement de lui être soumise et qui durant l'espace de la première seconde s'est cabrée avec épouvante, a depuis longtemps abdiqué. Elle s'est abolie dans la foi, elle s'y est retrempée et, en s'y retrempant, est devenue invulnérable. Aujourd'hui je possède un ensemble de croyance véritablement inébranlable, car je rapporte tout à Dieu, je fais tout découler de la foi et même, au pied de la lettre, j'ai complètement cessé de comprendre qu'on puisse avoir, je ne dis pas un doute, mais seulement l'ombre d'un doute sur toutes les choses que l'Église enseigne. Pour moi il n'y a de vraie foi que celle qui gouverne absolument et despotiquement la raison, et je trouve que cette notion divine doit tout primer dans le monde, les âmes et les législations qui sont les âmes des peuples (c'est sur ce dernier point que je donnerais volontiers ma vie pour convaincre mon père, car alors il serait chrétien). En un mot, je suis frappé au cœur de la manière la plus profonde, ma foi puisée à la source de la plus pure orthodoxie est tellement ardente que quelquefois, je n'exagère point, mon cœur ne tient plus dans sa prison de boue et, dans le silence de la nuit, il m'est arrivé de verser des torrents de larmes sans pouvoir apaiser les impuissants désirs de mon âme. Hélas ! faut-il vous le dire ? Je ne prie pas, je ne sais pas, je ne peux pas prier. Je tombe à genoux et j'y tombe vainement, les plus indignes objets me distraient invinciblement de Dieu. Depuis un an j'essaie vainement de prier. Je pense que Dieu diffère de m'accorder sa grâce afin de me punir en m'en faisant éprouver la déception de l'avoir si longtemps repoussée et méconnue. »

Écoutez maintenant cet appel déchirant à la compassion miséricordieuse du prêtre :

« ...Je suis redevenu chrétien. J'ai rencontré un homme, un grand écrivain catholique, le plus grand à mes yeux de ceux qui élèvent aujourd'hui la voix en faveur de la vérité, vous devez le connaître : M. Barbey d'Aurevilly. Il m'a vaincu ; l'incroyable ascendant dont il dispose m'a transformé et du jour au lendemain je suis passé de l'impiété radicale à une foi sans bornes.

Je suis désormais absolument pénétré des vérités adorables que vous enseignez, vous autres Ministres de Dieu. Cela devrait m'apaiser le cœur et l'esprit. Et cependant lorsque je regarde en moi je ne trouve pas plus de calme qu'aux jours de haine et de révolte. Mon tourment est en ligne droite. Voilà tout !

Avec la lumière de la Foi, j'ai gagné de savoir pourquoi je souffre. J'ai appris à me connaître, j'ai pu mieux voir les déchirements de mon âme, mais aussi j'y ai gagné l'épouvante et c'est un terrible profit.

Et voilà pourquoi, mon Père, je vous supplie au nom de Dieu de me venir en aide. Je voudrais qu'une main

forte et paternelle me traînât sur le chemin du Repentir.
J'ai soif d'obéissance et j'aspire à n'être qu'un instrument. Depuis près d'un an je m'efforce vainement
de prier. Un catholicisme spéculatif ne peut me satisfaire. Il faut à mon âme de feu une pratique ardente.
Après tout il y va de mon salut éternel. La grâce de
Dieu peut m'abandonner, et je voudrais sortir à force
de pénitence de cette angoisse dévorante.

Je passe la moitié de ma vie à prêcher l'Évangile,
comme si j'avais mission pour cela. Vous savez à quelle
époque nous vivons. Je ne vois autour de moi que des
blasphémateurs et des indifférents. Je m'efforce de les
combattre et de les ramener. J'ai même eu l'indicible
joie de réussir deux ou trois fois. Mais hélas, que puis-je
faire sans la Prière ? Ne dois-je pas avant tout prêcher
l'Évangile ? Mon Dieu, je ne voudrais pourtant pas
vivre ainsi plus longtemps, muré dans cette horrible
impasse de l'orgueil. Rien que d'y penser je meurs
d'épouvante. Ayez pitié de moi, Monsieur.

Ce que je demande de vous, c'est de me traiter
comme si j'étais votre propre fils, votre frère, comme
si vous teniez à moi par les liens sacrés de la chair. On
dit que vous êtes un prêtre animé du plus pur esprit
de l'Évangile et que vous avez le cœur fait pour tout
comprendre et pour tout deviner. Si vous ne m'écoutez
pas, à qui voulez-vous que je m'adresse ? »

Quand je découvris cette lettre, j'entendis retentir
en moi le verset liturgique : « Quare tristis es, anima
mea, et quare conturbas me ? » Hélas ! cette tristesse
ne devait jamais cesser. C'était la tristesse de l'Apôtre
dont le cœur est trop grand pour lui ; et cette tristesse
finit par se muer en la sainte colère de Moïse. Les déceptions commencèrent pour Bloy devenu prosélyte

de Celui qui a dit : « Je suis venu apporter le feu sur la terre et que désiré-je ? sinon qu'il s'allume ? » D'abord, son convertisseur ne le suivit pas dans la voie enflammée. Sa mère elle-même lui donna des conseils de modération. Sans doute elle répondit maternellement à la lettre que nous venons de lire :

« Je suis on ne peut plus heureuse de voir que ta foi se fortifie. Tu dis que tu n'as ni la puissance ni la certitude de l'amour. Tu ajoutes que tu ne peux entrer dans une église sans verser des larmes, comme un exilé qui verrait de loin sa chère patrie, crois-tu que ce n'est pas là la puissance du désir ? Ne serais-tu pas prêt à faire tout pour arriver à cette céleste patrie quelles que soient les difficultés, oui, n'est-ce pas ?

La certitude de l'amour, d'où vient donc cette douleur quand tu entends mal parler de notre sainte religion ? Ne serais-tu pas prêt à soutenir au péril de ta vie, cette même religion et la divinité de Jésus-Christ, notre divin Maître ? Cesse de craindre, n'es-tu pas mille fois plus heureux même dans les moments de désolation intérieure que tu ne l'étais autrefois dans toute l'effervescence de ton impiété ? Elles sont si bonnes et si rafraîchissantes ces larmes qu'on répand en la présence de Dieu ! Tu penses qu'il diffère de t'accorder sa grâce, examinons, peut-être bien que Dieu te punit et qu'il t'éprouve ; il te punit parce qu'à peine revenu à lui, tu t'es cru appelé à de grandes choses, il t'éprouve parce que peut-être a-t-il des desseins, mais qu'il veut te faire sentir qu'abandonné à tes propres forces, tu n'es absolument capable de rien, et qu'il tire souvent le plus vil de la poussière pour faire éclater sa puissance...

Aie une grande confiance en la Sainte Vierge ; par elle tu arriveras plus vite à son divin fils. Ne tourmente point ton imagination, tu crois avec ton âme ardente, tu crois que tu devrais faire quelque chose pour Dieu. Considère quelle a été la conduite de Jésus, ne nous donne-t-il pas un grand exemple d'humilité ? Cependant il était Dieu et avait toute science et toute puissance ; mais il doit obéir à son Père et attend le moment qu'il a marqué... Imite le divin Maître ; tu n'as que vingt-trois ans, tu l'as offensé jusqu'ici, tu ne peux donc prétendre qu'à faire pénitence, borne-toi pour le moment à te faire pardonner les égarements de ta vie passée ; prie, gémis, comme le saint Roi David arrose toutes les nuits ta couche de tes larmes, et si Dieu veut quelque chose de plus de toi, il te le fera connaître à son heure. Soumets-toi à la vie commune quant à présent, reconnaissant humblement que tu n'es pas digne d'autre chose.

Tâche de trouver un bon prêtre qui te comprenne et te conseille ; je t'avais indiqué les lazaristes, les fils de S. Vincent de Paul, tu trouveras là lumière, consolation, affection... » (2 *juillet* 1869).

Voilà certes une admirable lettre mais, si j'ose dire, négative. C'est de bonne piété traditionnelle française : piété repliée sur de solides positions, mais n'en bougeant pas. De cette piété défensive, l'âme de Léon Bloy ne se pouvait accommoder. Il lui fallait l'action, donc la bataille, ce qui suppose du sang et des morts. Et il devait sentir déjà confusément que c'est de cette piété trop féminine que la société chrétienne mourait. L'heure de dire : Seigneur, Seigneur, en attendant courageusement le martyre, était passée. Mais l'heure de courir au martyre venait de sonner. La tâche de Bloy était de

donner l'exemple magnifique, de quitter le premier
la catacombe, pour aller profaner le temple du veau
d'or et jeter à bas l'idole. Qui donc, à cette époque,
eût pu comprendre et encourager une telle destinée ?
Bloy trouva-t-il même tout de suite le prêtre au
grand cœur dont il implorait en phrases déchirantes
l'aide sacramentelle ? Il semble que non. Le voilà
donc seul, entre le pays de la rébellion sur lequel
il a secoué la semelle de ses bottes, et le pays de la
médiocrité où meurt chaque jour un peu plus la
Rédemption divine. L'âme du jeune homme ne peut
se contenir. Comme elle bout d'enthousiasme elle
se dévore de zèle. C'est la marque même de l'amour.
Tout de suite l'intransigeance apparaît farouche,
implacable, dédaigneuse de la chair et du sang. Ne
vous récriez pas, vous tous que l'Apocalypse a
vomis : c'est de cette intransigeance que furent faites
les Croisades, les Cathédrales, la Légende dorée,
toutes les belles choses du temps et de l'éternité :

« Victor m'a dit que vous ne trouviez pas d'excuse
à l'interruption absolue de mes visites. Il m'a représenté combien j'étais blâmable de vous abandonner
à ce point, et combien cette apparente indifférence
d'un garçon que vous estimiez sincèrement vous était
pénible. Je reconnais qu'il a raison et j'irai vous voir
dans le courant de la semaine.

Mais il faut que vous sachiez *pourquoi* je ne vous
voyais plus. Je crois bien faire en vous l'apprenant,
et même en vous le cachant j'aurais peur d'être irres-
pectueux. Une bonne fois, je ne cherche pas à me justi-

fier. J'obéis simplement à ce besoin si naturel de la confession dont l'Église a fait un dogme et que tout homme a éprouvé.

Vous ne pouvez avoir oublié que notre dernière entrevue fut un véritable tournoi d'opinions absolues impossibles à concilier et capables d'animer l'un contre l'autre des anges de résignation. Vous étiez indigné de mon catholicisme et vous opposiez à ce qui me paraît la vérité même, éclatante et éblouissante comme la lumière du soleil, les décisions de quelques chrétiens impuissants et les anathèmes de quelques orgueilleux en délire. En un mot les principes de 89.

Or, de ce seul fait que le catholicisme est pour moi la vérité absolue, il découle nécessairement que tout ce qui n'est pas le catholicisme est en dehors du cercle de la vérité absolue et par conséquent incertain sinon radicalement faux.

Mais 89, non seulement est en dehors du catholicisme, mais contre le catholicisme. 89 veut et croit être le marteau démolisseur des choses passées, des croyances qui jusque-là nous faisaient vivre, à qui nous devons tout ce que nous avons de plus noble et de plus grand dans le monde. Comment voulez-vous que je ne le méprise point, cet infécond 89 qui n'a pas su nous donner un iota de ce que fastueusement il nous promettait ?

Eh bien, mon cher Maître, je vous ai vu, vous que j'aime profondément, tellement rempli de ces idées dont l'exorbitante fausseté m'est aujourd'hui prouvée que tout ce qui n'est pas elles vous fait pousser des cris d'horreur et au besoin maltraiter votre meilleur ami qui les condamnerait. Je vous ai vu avec une tristesse infinie à la queue des moutons de Panurge de cette Démocratie contemporaine qui n'a pas su nous donner des lois puisqu'elle a rayé Dieu de son code quoiqu'il soit partout dans la nature, qui a inventé le suffrage universel au nom d'une égalité impossible, qui a donné les mêmes droits à Sganarelle et à Newton, qui a remplacé l'honneur, ce sacerdoce héréditaire, par l'honnêteté, cette inertie prudhommesque, qui a mis la légalité à la place de la religion, la banqueroute sociale à la place de l'Édifice féodal, et en France 36 millions de despotes à la place d'un seul.

Vous parliez avec tant d'ardeur, vous défendiez les meurtriers du genre humain avec tant de bonne foi et vous paraissiez si absolument inébranlable dans cette erreur lamentable et funèbre comme la mort, que jugeant que vous étiez perdu sans ressources et n'ayant point le courage de supporter encore une fois cette idée je ne suis plus revenu chez vous.

J'étais d'autant plus attristé qu'il me semblait que le magnifique privilège de l'Art dût éloigner des erreurs hideuses un homme qui en était revêtu. Je vous regarde comme un des plus grands artistes de notre temps, cela seul suffirait pour me faire courber la tête jusque dans la fange, et dans l'aveuglement de ma tristesse je ne tenais plus que par ce seul côté au respect profond que vous m'aviez inspiré. »

Cette intransigeance pourtant si logique du nouveau croyant devait achever de le brouiller avec son père. On se doute bien que Léon Bloy tenta la conversion du malheureux homme. Il le fit, ses lettres en témoignent, avec la fougue qui lui était coutumière ; et il s'attira à la fois les remontrances attristées de sa mère et les sarcasmes de l'intéressé.

« Comme tu l'as vu, mon cher Léon, — lui écrit sa mère, le 10 février 1869 — ta dernière lettre n'a pas produit un bon effet. La première page était bonne, bien bonne, mais quelques idées et surtout ta manière de les émettre semblaient plus se sentir de la passion que de l'amour du prochain et de la douceur et de l'humilité que ta nouvelle conversion donnait lieu d'attendre. L'anathème que tu jettes à profusion me semble mérité pour bien des choses, mais il en est d'autres pour lesquelles un peu plus de réflexion était nécessaire. Ton père a été mal impressionné et comme il n'aime pas les discussions, surtout quand elles sentent la passion et sont d'une certaine nature, je ne suis pas étonnée de la défense qu'il t'a faite de lui écrire ; il lui serait pénible de te suivre dans cette voie. »

Voici un spécimen des lettres qui s'échangeaient entre le père et le fils (10 janvier 1869) :

« Mon pauvre Léon... Tu fais de la religion comme tu faisais naguère des sentiments sociaux. De Babouviste tu es devenu un Dominicain de l'école de Torquemada. Je ne puis te suivre dans ces excès, dans ces frénésies. Tu vantes la douceur de l'Église et tu anathématises. Tu conspues la liberté, le progrès, et tu exaltes la féodalité, la royauté. Il est vrai que tu exaltes aussi la famille, mais c'est aussi en la faisant comme tu l'entends et en t'affranchissant du simple devoir que prescrit le Décalogue : Père et Mère honoreras. Disons cependant que si tu les honores c'est dans un esprit purement pharisaïque. Des paroles, des prières, toujours ; des actes, jamais. Dieu commande la soumission, l'amour ; tu ne veux accepter que la discussion, la révolte, la haine ou tout au moins les sentiments violents. Je ne puis admettre pour mon fils un être ainsi doué. Je t'émancipe pour cette raison et t'absous absolument de tout péché à mon égard du passé comme du présent. Quant à l'avenir je me réserve.

Je veux continuer encore cependant. Tu parles de la douceur, de la charité de l'Église, et tu anathématises, je ne le comprends guère. Il est vrai de dire cependant qu'il est une Église dans laquelle on trouve toutes ces choses réunies. Je ne veux pas dire tout ce que cette Église a d'inhumain, de folie, d'orgueil, d'anti-chrétien. Je n'en suis pas et ne voulant pas la juger je crois faire acte de charité en la méprisant. Libre à toi d'en suivre les préceptes.

Ma religion est celle du Christ. Qu'il soit homme ou Dieu, que m'importe. Sa morale est divine, et j'essaie de m'y conformer. Les hommes se sont efforcés de la commenter et d'essais en essais ils ont réussi à l'obscurcir et à y trouver la justification de tous les crimes. Je reste avec la croyance que Dieu est infiniment bon et que pour l'honorer nous devons faire tous nos efforts pour que nos pensées, nos actes soient dignes de lui.

Celui qui te prêche la féodalité me convaincra le jour où il consentira à être serf et m'aura prouvé qu'il a su renoncer à sa qualité d'homme pour devenir une chose. Celui qui me parlera d'humilité, détachement des biens de la terre, s'il appartient à l'église, la tienne, devra faire preuve de pauvreté ; mais s'il fait partie d'une corporation avare, sans pitié, d'un orgueil de Satan, je fermerai l'oreille. Christ est venu au monde pour servir d'exemple aux hommes et leur prêcher la morale divine. Tout ce qui s'éloigne de sa doctrine est mauvais, et tous ceux qui se servent de son nom dans un but personnel ou au profit d'une collectivité blasphèment.

Démocratie, liberté, progrès sont des mots saints puisqu'ils signifient le premier union dans une même pensée pour tous ; le second épanouissement complet de l'homme ; le troisième amélioration. Jette-leur l'anathème si tu n'y vois que des excès, si tu ne les juges que par les côtés honteux. Je les aime, moi, parce qu'ils valent indépendamment des actes blâmables ou odieux dont on a voulu couvrir leur signification. Et que ne dirait-on pas de l'Église si on lui reprochait les Borgia, l'Inquisition et d'autres forfaits plus grands encore ? Il y a une Église qui admet la démocratie, la liberté, le progrès, celle-là est de l'école du Christ. Celle-là seule est bonne, je n'en veux pas d'autre.

J'attendrai pour recevoir une lettre de toi que tu sois en paix avec toi-même et avec les autres. Jusque-là, abstiens-toi de m'écrire. Ta lettre serait refusée et si je tolère que tu écrives à ta mère, c'est que j'ai l'espoir que tu laisseras là toute discussion de doctrine. Dieu, dont tu parles si peu, sera juge entre nous.

Ta mère à qui je viens de lire ma lettre me rappelle un fait des plus significatif. Le Christ est resté trente ans obscur et ce n'est qu'à cet âge qu'il a commencé à prêcher sa doctrine. Imite-le dans sa prudence et dans sa réserve.

J'ajoute qu'en cela Jésus a donné encore un exemple à suivre. Dieu a voulu être pauvre. Il a voulu avant de prêcher sa doctrine donner l'exemple d'un bon fils. Venant annoncer la parole de Dieu, il a voulu attendre l'âge où l'homme est d'ordinaire de sens rassis.

Ton malheur est de te croire supérieur et destiné à de grandes choses. J'ai bien peur que ton orgueil te mène à l'abîme. Si dans une pensée pieuse et vraiment pieuse tu voulais faire un retour sur les causes qui t'ont fait éloigner de tous, même de ceux qui t'ont élevé, nourri, aimé, qui t'ont empêché d'être un homme utile et considéré, tu trouverais que si les autres ne sont pas parfaits, tu t'es donné de bien grands torts. Je suis étonné même, je l'avoue, que tu aies pu garder l'emploi de scribe auquel tu es descendu. Je m'attends bien que tu te feras capucin, jésuite, que sais-je, mais je suis sûr que cette nouvelle situation, quelque dégradante qu'elle soit à mes yeux, tu ne la garderas pas longtemps. Seul tu resteras à toujours. Te plaçant au-dessus des autres tu t'isoles et tu n'as plus ni père, ni mère, ni frère, ni amis... »

J'ai tenu à citer cette lettre parce qu'elle témoigne que le conflit survenu entre le père et le fils provenait au fond d'une lutte d'intransigeances. Si le père Bloy avait été moins aveuglé par la colère il aurait compris qu'il ne combattait la rigidité d'esprit de son fils qu'avec la sienne propre et que de tels procédés de combat ne peuvent aboutir qu'à des ruptures. Le père et le fils se révélaient d'égale trempe, et l'absolutisme du jeune homme n'apparaissait même si crûment que parce qu'il faisait éclater celui du vieillard. Il faudra songer à cela quand on lira l' « Exégèse des Lieux communs ». D'autre part, cette lettre est à sa manière prophétique. Jean Bloy, certes, n'y songeait pas en l'écrivant. Il lui fut cependant mystérieusement accordé de définir son second fils suivant les lois mêmes du plan providentiel : « Seul tu resteras à toujours. Te plaçant au-dessus des autres tu t'isoles et tu n'as plus ni père, ni mère, ni frère, ni amis... » Léon Bloy dut tressaillir en lisant cette condamnation qui lui traçait son devoir et lui marquait son effroyable et céleste destinée. Jean Bloy manquait son but ; mais Dieu, par là même, précisait le sien. Plus tard, l'écrivain pourra dire :

« Le téméraire cherche ses compagnons. Il comprend alors que c'est le bon plaisir de Dieu qu'il soit seul parmi les tourments et il va dans l'immensité noire, portant devant lui son cœur comme un flambeau ! » (L'*Invendable*).

Cette acceptation de sa destinée par Léon Bloy est un acte héroïque. Ceux qui me font l'honneur de lire ces pages, pour peu qu'ils y réfléchissent, ne trouveront pas le mot trop fort. Léon Bloy ne s'est pas engagé à l'aveugle dans une voie inconnue. C'est peu de dire qu'il eut des pressentiments : les avertissement précis, solennels et rageurs qui lui vinrent de toutes parts ne lui laissèrent littéralement aucun doute sur l'horreur spéciale de sa voie. Il s'y engagea néanmoins, sans regarder en arrière, et sans calcul d'aucune sorte.

« J'aime Dieu — écrivait-il, en mars 1870, à Mademoiselle Delobelle — je l'adore de toutes mes forces, j'ai en lui une foi inébranlable, je voudrais souffrir pour lui, je suis touché jusqu'aux larmes quand je vois des personnes qui l'aiment et je ne puis me lasser d'en être étonné. Je vois que tous les vrais chrétiens peuvent et doivent vivre d'une vie toute surnaturelle infiniment au-dessus des préoccupations charnelles et qu'il y a entre eux comme parmi les anges un lien mystérieux et puissant qui fait que tous participent comme dans un seul corps aux défaillances, aux douleurs et aux joies du moindre de tous. »

Ainsi dès le début de sa vie spirituelle Bloy était pénétré de la beauté de la communion des saints,

Il connut dès lors le mécanisme surnaturel de l'Église et il désira passionnément de souffrir pour ajouter, s'il se pouvait, aux mérites des élus. Il entra dans l'Église par la porte basse de la souffrance, qui est celle même que garde l'Ange à l'épée de feu ; et il comprit que la souffrance et le paradis perdu c'est tout un. La source de son génie est là ; Bloy fut dès ses premiers pas chrétiens en possession de son instrument splendide.

Néanmoins il fallait vivre sur terre. Au fur et à mesure qu'il prenait conscience de sa valeur réelle, le malheureux sentait se dérober sous lui le sol nutritif où grouille la protozoaire humanité. La Compagnie des chemins de fer d'Orléans s'était privée de ses services dès 1867. Bloy habite en ce temps-là au 24 de la rue Rousselet. Il contracte des dettes, ces petites dettes misérables du train-train quotidien, les pires de toutes. Son père lui envoie, le 6 avril 1868, cent cinquante francs pour acquitter les plus criardes. Son frère Georges qui s'est établi en Cochinchine cherche à l'attirer en ce pays «d'avenir». L'avenir, pour Bloy, était en Dieu. Mais à qui le dire ? A qui confier cette énormité ? De septembre 1869 au 8 avril 1870, on le trouve chez un avoué, Henri Maza, 51, rue Sainte-Anne, en qualité d'expéditionnaire. La guerre de 1870 mit un terme momentané à ces pérégrinations doulou-reuses et rapprocha le jeune homme de sa famille.

Nous éclairions, paraît-il, l'armée de
la Loire, les autres armées s'éclairaient
comme elles pouvaient, et nous fûmes,
si j'ose le dire, de terribles marcheurs,
de formidables lapins devant Dieu.
                    (Sueur de Sang).

Dans quelle disposition d'esprit Bloy accueillit-il la guerre ? Il ne pouvait y voir qu'une épreuve et un châtiment. Il était déjà pénétré en ce temps-là de la suréminente et toute mystérieuse grandeur de la France. Cette grandeur née d'un choix divin ressemblait à un sacre. Elle mettait la France en dehors et au-dessus de la plèbe des peuples. Les gestes de Dieu se faisaient par elle. Et Dieu pour la sauver condescendait même au miracle. L'histoire des autres peuples n'était que de la chronique humaine. Celle de France continuait en quelque manière le livre des Rois et celui des Nombres. Après les Actes des Apôtres commençaient presque tout de suite les Chroniques de Saint-Denis ; ainsi la grâce de Dieu ne connaissait pas de solutions de continuité. Cette exceptionnelle vocation n'avait pas empêché la France de prévariquer. On eût dit que la Consacrée et que l'Élue aspirait à devenir la Prostituée des nations. Vertige inconcevable pour qui n'a pas en mémoire la honteuse histoire d'Israël. Les châtiments dès lors étaient à prévoir. Ils avaient, à vrai dire, depuis longtemps commencé. Qu'est-ce que le XIXe siècle, sinon une longue fustigation de la France ? La voilà découronnée, assise au niveau du suffrage universel ; et, à côté d'elle, comme les tessons de Job, gisent les débris déshonorés de l'ampoule du sacre. Châtiment la République, châtiment l'Empire, châtiment la Restauration, monarchie des revenants ou monarchie des bourgeois. Le cri : « Enrichissez-vous » remplace les « Montjoye St-Denis ». Et les Juifs se mettent à pulluler sur la terre de ceux qui n'achetaient pas pour revendre. Quel plus effroyable châtiment ! Mais la France n'y veut rien comprendre. C'est pourquoi revoici les Huns, comme au soir du monde de Rome. La cavalerie de l'abîme hennit de nouveau au vent de Paris. Et l'Occident entre en agonie. Le « péché de l'Europe » étend son ombre mortelle sur la radieuse Ile-de-France, cette image tangible du premier paradis. Cependant l'énormité même du châtiment trahit la miséricorde de Dieu. Certes l'exterminateur qu'il a choisi est sans pitié ; mais Il ne permettra pas à ce mercenaire d'aller jusqu'au bout de sa féroce journée. Qui mettre en effet à la place de la France ? Comment la Chrétienté vivrait-elle privée du seul grand peuple qui n'ait pas commis le crime d'apostasie ? Il sera beaucoup pardonné à la France parce qu'elle n'a jamais quitté la maison du Père. Voilà pourquoi les châtiments prennent pour elle la figure après tout consolante de l'épreuve. En attendant, la catastrophe peut être effroyable et atteindre les limites mêmes de la résistance humaine. Bloy écrivit, à à l'époque, sur une feuille volante, cette page intitulée : « Héroïsme », restée, je crois, inédite :

« Ceci s'adresse aux cœurs chrétiens, je veux dire à ces quelques âmes d'élection surnaturelle qui soutiennent encore dans notre malheureuse patrie l'édifice chrétien à l'ombre duquel nous sommes tous nés, lumineuses colonnes d'un temple de lumière et dont le nombre chaque jour décroissant, à ce qu'il nous semble, pourrait bien finir par nous écraser en le précipitant sur nos têtes.

A l'heure que voici, on pourrait bien croire, et certes celui qui parle ici n'en a pas douté, on pourrait croire que décidément Dieu veut punir la France, qu'il trouve que c'en est trop à la fin et que du haut de son trône mystérieux environné de séraphins brûlants ne voyant plus monter vers lui assez d'encens pour faire équilibre à la pesanteur de son bras, il va laisser tomber sur nous l'ineffable colère, l'inéluctable et suprême purification.

La plus épouvantable et la plus funeste guerre vient de commencer pour la France, et déjà le salut matériel de cette grande nation est tellement compromis qu'on ne sait plus s'il est encore possible de la sauver.

Mais que dis-je, n'est-ce pas le commencement de la grande catastrophe, prédite par le plus sublime chrétien du XIXe siècle, le dernier des Pères de l'Église, annoncée par d'augustes apparitions, par de grands saints, entrevue par tous ceux qui se sont avisés de penser depuis le 21 janvier, préparée par mille désastres partiels dans le champ divin et peut-être enfin consommée par la plus inconcevable tiédeur et le plus universel mépris des choses du ciel dont l'histoire soit capable de nous présenter le tableau.

En effet il est visible que nous périssons. Nous périssons par impuissance, par imprévoyance, par obstination et par aveuglement. Ah ! disons tout en un mot, nous périssons parce que nous avons trop de raison et il n'y a plus que la folie qui soit encore capable de nous sauver. J'entends la folie divine de la croix. Cette folie qui nous a tous sauvés, plus puissante que la raison qu'elle foule aux pieds parce qu'elle n'a pas de nom et qu'elle est surnaturelle, cette folie si croyable précisément parce qu'elle est absurde et impossible, comme disait Tertullien le Superbe, laquelle fit éclore dans la région de Galilée cette rose sanglante dont les parfums remplirent le monde d'une suavité inconnue et dont les épines mystérieuses percèrent le cœur des hommes. Femmes chrétiennes, c'est à vous qu'il faut parler. Vous entendrez mieux ce langage. Dieu ne vous a faites que pour aimer, et c'est le plus beau partage du monde. Est-il besoin de grands et éclatants discours pour vous faire comprendre ces choses?

Voyez où nous en sommes. La noble terre de France tremble sous les pas des barbares. Il faut les vaincre ou en mourir. C'est un déluge de sang et de larmes qui va couler tout à l'heure. Il va se faire un effroyable massacre de tout ce qui est la chair de vos entrailles. Il se prépare pour vous, pauvres mères, des épisodes si terribles, que s'ils étaient déjà venus vous donneriez de grand cœur tout le sang de vos veines pour qu'ils fussent encore à venir.

Eh bien ! il en est peut-être temps encore. La patience de Dieu est si longue qu'il fait durer non pas seulement ses menaces mais quelquefois aussi sa vengeance parce qu'il veut laisser aux faibles cœurs des hommes, même lorsqu'il a commencé de les punir, le temps de revenir à lui par la pénitence et ainsi d'écarter les derniers et suprêmes coups de sa toute-puissante main.

Alors que son saint nom soit béni et qu'une pénitence inouïe soit entreprise par vous qui nous enfanterez ainsi une seconde fois. Depuis la première femme qui perdit le genre humain, c'est une loi mystérieuse que les peuples soient toujours sauvés par des femmes, et que les innocents paient toujours pour les coupables. C'est la base du christianisme, et l'arcane infaillible de la Providence de Dieu. Ce n'est donc plus une tiède dévotion qu'il faut maintenant. C'est une supplication continuelle et insensée. Ce n'est plus avec des parures insolentes et de vaines prières grimacées qu'il faut se présenter devant le Divin Couronné d'épines, mais avec un corps mortifié et une âme brisée de contrition. Un des plus grands serviteurs de Dieu, l'homme admirable en considération duquel il sera peut-être pardonné à la France, le pauvre Curé d'Ars enseignait que rien n'était plus capable d'apaiser la colère divine que le jeûne et que la veille. Mettons à profit cette pure lumière. Que des jeûnes extraordinaires soient observés, que le temps du sommeil s'écoule dans la prière, que la Vierge très clémente soit invoquée comme jamais elle ne le fut. Que la France très chrétienne redevienne un glaive flamboyant dans la dextre immaculée de la Reine des Cieux. Que toutes les folies de l'amour divin s'emparent des cœurs, il n'y a plus d'autre moyen de salut.

Ceux qui comptent le nombre des soldats qui peuvent nous défendre, ceux qui calculent de loin les chances matérielles de triomphe ou de ruine, ceux-là sont les véritables insensés. La vérité absolue, ce qui doit éclater aux yeux du dernier des chrétiens, c'est que Dieu veut nous perdre et qu'il a déjà commencé. Tout ce qui n'est pas cette pensée n'est que rêverie et qu'aveuglement coupable. Prosternons-nous dans la poussière, il ne nous reste plus que cela et que la sainte Volonté de Dieu s'accomplisse sur la terre de France. »

Telles étaient les idées que fit naître chez Bloy la guerre franco-prussienne. Elle le rapprocha aussi de ses parents comme en témoigne ce passage d'une lettre à un prêtre :

« J'ai quitté Paris quelques jours après notre dernière entrevue et je suis venu à Périgueux serrer dans mes bras ma pauvre Mère et ceux des miens, hélas ! que n'a pas encore atteint ce terrible et continuel déplacement des hommes et des choses qui, comme vous le savez, est la danse de St-Guy de ce siècle surmené et affolé. »

C'est dans cette lettre, dont j'ai la minute sous les yeux, qu'il formule pour la première fois peut-être et d'une manière nette la fameuse théorie de l'absolu que tant d'imbéciles lui ont reprochée :

« Quand on est un homme et qu'on touche à un principe quelconque, il faut l'épuiser, si c'est possible. Quand on s'engage dans une certaine voie et qu'on n'est pas un imbécile ou un lâche, il faut aller jusqu'au bout, quoi qu'il advienne ou ne jamais revêtir le manteau du voyageur. Les cœurs vaillants ne s'arrêtent jamais à moitié chemin. Ils ne prennent pas de la Vérité ceci pour en laisser cela, ils l'acceptent toute entière afin de lui être fidèles par-delà la mort. Les demi-coquins nous font pitié, et c'est un sentiment très juste, car toute erreur n'est qu'un abus de la vérité, mais que

dirons-nous donc d'une moitié d'honnête homme et
à plus forte raison d'une moitié de chrétien ? *Il n'y a
rien de Vrai que ce qui est Absolu.* L'Idéal, c'est le
martyre et quand on a sur la tête l'auréole surnaturelle
de la Foi, c'est un diadème et pour le dignement porter,
il faut avoir la force d'une vierge, l'impeccabilité d'un
prêtre et la sainteté d'un patriarche. »

Quelle plus magnifique et plus lucide définition
du chrétien ! Ce texte est de 1870. Il prouve non
seulement que Léon Bloy fut retourné tout d'une pièce
de la base à la cime mais encore que cet homme
extraordinaire était, dès le premier jour de sa régé-
nération, en possession de ses incomparables moyens.
Il y a là comme une science infuse ; et c'est proprement la marque du génie. Ce Bloy de 24 ans rend
le même son que le Bloy de cinquante et de soixante-
dix ans. Cependant les événements suivaient leur
cours providentiel. L'Allemagne entière campait
sur la France. Du second Empire il ne restait qu'un
pauvre homme malade et des débris d'armées pri-
sonnières. Un gâchis sans nom, dissimulé sous le
titre de Gouvernement de la Défense nationale,
« organisa » la résistance de la France. Des armées
nouvelles sortirent de terre. Des corps francs appa-
rurent ; Bloy s'engagea, en octobre, dans celui de
Cathelineau. Il fut soldat loyal et brave, paya de sa
personne, mérita d'être cité à l'ordre du jour de
l'armée, mais ne se laissa entamer par aucune
illusion. Il écrivit plus tard dans « Sueur de Sang » :

« La deuxième phase de la guerre franco-prussienne qui fut, je crois, ce que l'histoire peut offrir de plus admirablement raté, est surtout demeurée, pour quelques assistants de la défaite, l'époque des grandes énergies perdues. Réflexion banale, s'il en fut, jérémiade usée comme un vieux trottoir. Mais il faut avoir vu crever et pourrir les intrépides condamnés à ne point agir ! »

Bloy vit cela toute sa vie, et c'est pourquoi il devint le « Désespéré ». Je n'écris même que pour faire sortir de l'ombre cette vérité première. L'histoire des temps modernes est celle du découragement des grandes âmes et, proprement, du temps perdu. Un pauvre diable de littérateur psychologue prétendit bien se lancer naguère à la recherche de ce temps perdu ; il n'aboutit qu'à gâcher sa propre vie. Le salut n'est pas dans les piaffements et les révoltes du verbe : il est dans l'obéissance amoureuse aux ordres qui ne sont pas de l'homme. Mais « ce langage est dur, et qui peut le comprendre » ? Pour sa peine de l'avoir compris, Bloy fut traité comme la balayure de ce monde. Et voici les pensées qui occupaient son âme en cette fin de l'année « terrible » :

« Monsieur l'Abbé, mon père a dû vous donner de mes nouvelles, je l'en avais prié. J'avais à peine eu le temps de lui écrire une lettre assez décousue et malgré mon extrême agitation je ne vous avais pas oublié. D'ailleurs me voici. Ma main n'a pas cessé d'être dans la vôtre, mon ami, et mon cœur est toujours plein de ceux que j'aime. Que vous dirai-je de moi ? Je suis heureux en ce moment. Je suis aujourd'hui à Amboise, environné de visages bienveillants et dans très peu de jours sans doute nous serons tous devant l'ennemi. Dieu m'a fait la grâce de m'inspirer une grande ardeur et d'éloigner de moi toute crainte. Cette guerre est une croisade, la plus grande et la plus sainte de toutes les croisades. Les Prussiens envahissant la France, c'est la lèpre protestante par-dessus notre ulcère de cartésianisme. Il y va certainement de la vie pour la société chrétienne. Personne ne semble voir cela. Et comment le verrions-nous ? Depuis que nous avons mis le sot discours sur la méthode à la place du vieux symbole de Nicée, la vie surnaturelle s'en est allée de nos âmes et nous sommes devenus d'horribles brutes géométriques, l'odieux calcul a chassé la prière et nous avons cessé de croire à Dieu et à sa providence. Dès le premier désastre de cette guerre il fallait sentir que le contrepoids de notre puissance matérielle venait d'être précipité dans l'autre plateau de la balance et que tout équilibre était aboli. Alors les ressources humaines n'existant plus il fallait recourir à la sainte absurdité de la prière. Hélas ! je pense à mon père. Je suis de ceux qui croient fermement que rien ne nous est nécessaire, rien, rien, excepté Dieu. Tout le reste n'est qu'un surcroît dégoûtant. Je ne comprends pas du tout qu'il y ait des hommes qui puissent supporter la vie sans l'amour de Dieu. Je crois à la toute-puissance de la prière, et les autres actions humaines me paraissent un affreux néant. Ne pensez-vous pas comme moi que l'heure suprême est arrivée ? Dieu prépare à son Église quelque chose d'inouï, quelque triomphe sans égal dans l'histoire du règne de la Vérité. Voyons, depuis trois cents ans, tous les sophismes doivent être épuisés, n'est-ce pas ? Il faut en finir une bonne fois ; fallût-il pour cela répandre des fleuves de sang, et Dieu saura bien y pourvoir. En présence des maux épouvantables qui nous frappent, il n'est pas nécessaire d'avoir le cœur bien haut pour se sentir pénétré de tristesse. Néanmoins il est encore possible de se réjouir. Je contemple avec les yeux de mon âme l'Église, la divine Église fortifiée et agrandie d'une manière inouïe par les coups inouïs qui vont lui être portés. Je vois une troupe d'incomparables martyrs tracer de leur sang la grande route surnaturelle qui ramènera à Dieu cette pauvre Europe égarée, et briser en gémissant la porte du Ciel.

Regnum cœlorum vim patitur et violenti rapiunt illud, a dit le divin Maître. Vous verrez que le christianisme renaîtra de quelque sublime violence surnaturelle qui nous brisera le cœur d'admiration. C'est par le surnaturel que la patrie de Descartes a péri, je veux dire en n'y croyant plus, et c'est par le surnaturel qu'elle est sur le point de ressusciter. Mais pourquoi vous dis-je ces choses que je vous ai dites cent fois et que vous savez bien mieux que moi ? C'est que mon âme est pleine et n'est pleine que de cela. Puisque je vous écris il faut bien que je vous dise quelque chose, et cela c'est mon unique pensée. J'ai la certitude profonde, inaltérable que le salut nous viendra de Rome précisément parce que Rome est abattue en ce moment et Rome est le centre de ma pensée comme elle est le centre du christianisme. Ah ! c'est véritablement quand l'Église souffre qu'on peut dire qu'elle triomphe et jamais elle n'a tant souffert. La souffrance est son patrimoine, son domaine inaliénable, son vrai trésor. Chaque goutte du sang des martyrs est une perle dans l'écrin de la Vérité. Le chrétien sans la souffrance est un pèlerin sans boussole. Il n'arrivera jamais au Calvaire. Ne faut-il pas que la passion du Christ consommée dans l'ineffable tête couronnée d'épines s'achève aussi dans les membres ?

Oui, nous allons voir enfin la Vérité régner sur le monde. Les empoisonneurs boiront la lie de leurs mensonges. Mon Dieu, que leur empire a été funeste ! Qu'il nous fait de mal ! Que tout cela a été infâme ! Depuis Descartes, cet horrible innocent qui ne savait pas ce qu'il faisait, jusqu'à Proudhon le hideux et brutal sophiste qui le savait si bien, quel escalier d'ignominie, quel vomitoire ! Quel terrible compte devant Dieu ! Hélas ! quand je songe à la multitude des âmes égarées par ces orgueilleux, âmes tendres, âmes naturellement chrétiennes qui tomberaient à genoux devant la croix s'il leur restait encore des yeux pour l'apercevoir, quand je vois mon père, cet homme bon et terrible, ce héros inconnu, ce martyr obscur du pénible devoir, et néanmoins si profondément éloigné du christianisme, si fortement attaché à des doctrines de néant qu'il croit fécondes et justes, oh ! alors, je me surprends à crier de douleur et à verser des larmes de rage. Je demande à Dieu de ne pas permettre que de semblables iniquités s'accomplissent. Non, toutes ces choses doivent avoir un terme. C'en est trop à la fin. La mesure est comble. Dieu aura pitié de nous.

Que vous dirai-je encore ? Je ne sais absolument rien. Peut-être allons-nous très promptement quitter Amboise pour marcher en avant. L'attirail de campement est arrivé. Il paraît certain que nous serons l'avant-garde de l'armée de la Loire. Tant mieux. Je meurs d'envie de me mesurer avec les Prussiens. Si j'avais le bonheur d'en tuer un grand nombre, il me semble que l'épouvantable haine contre les sophistes que je nourris de ma propre substance cesserait de me dévorer. Quand on me parle de patriotisme, je ne sais pas ce qu'on veut dire. Ma patrie à moi c'est avant tout l'Église romaine, et j'entends être un soldat du Christ. On verra peut-être que ceux-là ne sont pas les moins redoutables. In te, Domine, speravi. »

Il faut renvoyer le lecteur à « Sueur de Sang »
pour se faire une idée de Bloy soldat. On l'y voit
mener la guerre comme il menait la paix, en homme
d'absolu. Le prussien lui apparut tout de suite ce
qu'il était, non un ennemi ordinaire, mais l'ennemi :
la brute parfaite, le protestant, l'esprit du siècle rué
contre l'esprit de Dieu. La guerre de 1914, suite
logique de celle de 1870, a prouvé que Bloy n'exa-
gérait pas. Le développement de nos mortelles
erreurs atteste de jour en jour qu'il n'exagéra jamais.
Ce reproche d'exagération lui est venu des pleutres
innombrables qui laisseraient couler à pic la barque
de Saint-Pierre plutôt que d'exagérer, eux. Comme
si le royaume des Cieux ne souffrait pas violence !
Bloy fut à l'armée de Cathelineau ce qu'il était
partout : un chrétien intransigeant. Une bien curieuse lettre dont je transcris le brouillon confirme
cette assertion :

« Général, Je vous prie d'accueillir favorablement
la demande que j'ai à vous faire. Peut-être n'avez-
vous pas complètement perdu le souvenir du seul
sous-officier du bataillon de la Dordogne qui vous ait
été fidèle et qui vous ait suivi à Rambouillet. Peut-
être aussi vous rappellerez-vous la démarche que je
fis auprès de vous à Angers au sujet d'un deuil que
je voulais empêcher comme ami et comme chrétien.
Je vous parle de choses déjà lointaines, mais il faut bien
que je mette quelque chose sous mon nom qui, tout
seul, ne vous dirait probablement rien. Voici en deux
mots l'objet de ma demande :

M. le capitaine de ma compagnie avait cru devoir approuver un duel entre deux de ses hommes. J'eus l'imprudence de m'y opposer de toutes mes forces et même de blâmer en particulier mon capitaine. Ai-je été coupable en cela d'un excès de zèle ? Je le crois. Quoi qu'il en fût, je déplus horriblement et je fus l'objet d'une suite de petites vexations, dont une certaine adresse au général comte de Cathelineau écrite par moi et signée de tous les sous-officiers du corps ne tarda pas à se ressentir. Heureusement on ne pouvait me reprocher que beaucoup d'amitié pour votre aumônier et quelques pratiques religieuses assez imparfaitement dissimulées. Mais au jour du départ, quoiqu'il fût impossible de me reprocher une seule grave infraction, je reçus le traitement d'un soldat déshonoré. Un certificat de bonne conduite ayant été délivré à chaque homme, deux seulement n'en eurent pas, moi et mon frère : mon frère qui m'avait suivi pour marcher à Paris sous un Cathelineau et dont le principal tort était de porter mon nom. J'ai bu, cette humiliation avec un extrême dégoût, je le confesse. Mais aujourd'hui je me trouve aux prises avec la nécessité de produire ces deux certificats absents et j'ai recours à vous, et je vous prie avec instance de réparer cet *oubli* et de finir l'embarras singulier où il nous met tous les deux.

Nous serons toujours, Général, les fidèles admirateurs de votre nom et les plus humbles amis de votre personne. »

Ainsi la guerre ne fut qu'une tribulation de plus pour l'éternel « éprouvé ». Faut-il s'en étonner ? C'est le contraire qui devrait paraître un scandale et même un miracle. Il était en effet nécessaire à la Providence de Dieu que le futur mendiant ingrat ne tirât nul profit matériel d'un événement qui détermine habituellement de grandes fortunes. Le guerrier vit de la guerre. Mais Léon Bloy ne pouvait faire état d'aucune créature, fût-ce de la colère de Dieu.

Il était entré nu dans la tourmente. Il en sortit sans un vêtement. La feuille de vigne même qu'eût pu être un certificat lui fut refusée. Et du dépôt de démobilisation le voilà rejeté sur le pavé de Paris. Le vieux Paris de sa souffrance est mort. Bloy ne devait pas connaître tout de suite le Paris de sa misère. Désaxé, désorbité, inutile (humainement parlant) plus que jamais, il regagne Périgueux pour s'y adonner à l'éducation de son frère Jules, le Benjamin de la famille. Adieu les réalisations littéraires : la petite vie misérable va ressaisir l'infortuné. Ce n'est pas qu'il ait renoncé à ses idées ; on ne renonce pas à ses idées. Mais il tente un nouvel essai d'acclimatation dans le « relatif ». Cet essai ne réussit pas mieux que les autres. Il écrit, le 26 mars 1872, à son ami Georges Landry :

« Ici je suis seul. Je ne trouve même pas auprès de ma bonne mère les consolations que j'avais espérées. Je suis en guerre avec mon père qui ne cache que très imparfaitement, sous une apparente douceur, l'effroyable haine que lui inspirent mes doctrines que je renferme cependant bien en moi et auxquelles tu sais bien qu'il ne m'appartient pas de renoncer. Je suis réduit à tout cacher : mes actions et mes pensées. Mais j'ai beau faire, mon père voit très clairement ce qui se passe en moi et il ne peut se résigner. Et cependant il m'aime de toutes ses forces. Mais il me croit sur la pente la plus funeste et il ne voit pas que sans ce sentiment chrétien qu'il condamne, je ne serais pas resté auprès de lui, que je n'aurais pas accepté une vie épouvantable et qui, je le sens bien, finira par compromettre gravement ma santé. De quelque côté que je tourne ma pensée, je ne rencontre que des épines et des douleurs. Ma mère infirme, mon père épuisé et à tout instant menacé ; une pauvre vieille tante, l'âme de la maison, exténuée et se traînant par un miracle d'énergie ; mon petit frère insolent et paresseux, contenu à grand' peine par moi qui me trouve ainsi condamné à ne pas le perdre un seul instant de vue ; l'absence presque complète de relations agréables et de temps pour les cultiver ; le silence presque absolu de mes amis qui ne m'écrivent pas ; l'impossibilité d'étudier ce que j'aime sous l'œil jaloux de mon père qui veut tout savoir. Enfin la pauvreté, une grande pauvreté que je ne puis soulager faute de place dans ce trou de Périgueux. C'est à peine si j'arrive à gagner quelques sous en m'exténuant de corps et d'âme pour des avoués. Voilà ma vie. » *(Lettres de Jeunesse, 1870-1893.)*

Cette vie dura jusqu'en 1873. Mais alors la nausée fut la plus forte. Une nostalgie parisienne le prit qui le projeta de nouveau loin de Périgueux, vers l'inconnu de son destin :

« Dans quelques jours, écrit-il le 25 avril à Landry, je te serrerai dans mes bras. Je serai à Paris, samedi prochain, 3 mai, à trois heures de l'après-midi. Ce jour-là est la fête de l'Invention de la Sainte Croix, c'est-à-dire la Commémoration du jour où sainte Hélène, mère de

Constantin, retrouva la Croix de Notre-Seigneur Jésus-Christ à Jérusalem, cette relique plus précieuse que tous les mondes dont la seule vue fit expirer d'amour un saint qui était allé la voir. Je n'ai pas choisi le jour de mon arrivée à Paris et je trouve cette rencontre bien remarquable. Je vais à Paris, *pour y rester* et sans aucun projet. C'est assez te dire que je trouverai la Croix, moi aussi. J'y vais aussi pauvre que· lorsque je l'ai quitté, mais peut-être avec un peu plus de courage et de confiance en Dieu qui, je l'espère, me fortifiera. » *(Lettres de Jeunesse)*.

Il n'eut pas à chercher longtemps la nouvelle croix de sa vie. Elle lui fut fournie par un certain Léon Pagès, qui fit miroiter à ses yeux les plus mirifiques projets apologétiques pour l'avenir, et qui, en attendant, l'employa dans ses bureaux :

« Je suis arrivé à Paris presque sans argent, lui écrit Léon Bloy (1er juin 1873, dimanche de la Pentecôte), avec la nécessité de trouver très promptement le gain de ma vie et avec le devoir de secourir mes parents qui, dans un avenir très proche, auront à souffrir beaucoup si je ne suis pas en mesure de leur envoyer chaque mois une petite somme d'argent. Pour arriver à ce résultat, j'étais résigné d'avance à toutes les privations. Or par malheur mon éducation a été telle que je suis à peu près impropre à tout, excepté à ce que je vous ai dit. Par conséquent je ne pouvais pas raisonnablement espérer que je me tirerais d'affaire ailleurs qu'à Paris. Je me sentais et je me sens toujours un immense zèle pour le service de l'Église et la défense de la Vérité. Lorsque je suis devenu chrétien il y a quatre ans, par· une espèce de miracle, j'ai promis de donner ma vie à cette sainte cause. Or Dieu m'a fait la grâce en venant ici de vous rencontrer presque immédiatement. Vous m'avez beaucoup consolé en me donnant l'espoir que j'allais enfin pouvoir tirer parti des ressources de mon esprit et entrer une bonne fois dans la seule voie où je puisse m'engager avec quelque fondement de succès. Vous espériez vous-même que dans votre bureau j'aurais l'occasion de me faire connaître à quelques-unes des personnes qui pourraient m'être utiles. »

Léon Bloy se fourvoyait une fois de plus. Incorrigible, il se prenait aux belles paroles du premier venu. Avec une naïveté terrible, il ouvrait son âme à ce médiocre qu'il épouvantait naturellement du premier coup. Il n'avait pas encore compris — le comprit-il jamais — que son catholicisme faisait peur avant tout aux catholiques « courants », parce qu'il était conséquent avec lui-même et infiniment au-dessus des faciles piétés. Son premier contact avec le catholicisme d'œuvres aboutissait ainsi à un échec cruel, début d'une série d'avatars qui le conduiraient au plus intransigeant mépris. Il s'en plaignait, le 9 juin suivant, à un ami, M. Dupuis :

« Lorsque je vis pour la première fois M. Pagès il crut devoir me dire ceci : Vous avez du zèle, de la Foi, des facultés précieuses ; notre devoir est de vous aider, de vous prendre dans nos mains, de veiller sur vous et en quelque sorte de vous *nourrir* comme un capital vivant qui doit rapporter un jour de gros intérêts à la sainte cause pour laquelle nous avons entrepris de combattre. Voilà en substance tout son discours, lequel me parut surprenant et admirable. En effet, sachant l'homme chrétien de pratique, je crus un moment avoir mis, par la grâce de Dieu, la main sur une perle rare, et je commençais déjà à me parer de cette fine trouvaille lorsque j'ai découvert un peu tard que je m'étais imbécilement abusé. M. Pagès est un *lâcheur*, et je viens d'être lâché fort correctement. Je dis que la lumière m'est venue un peu tard parce que M. Pagès ignore fort heureusement pour la paix de sa conscience que ses promesses ont eu pour effet de me décider à refuser une place de précepteur à Périgueux et qu'il n'est plus temps de revenir sur ce refus.

Je crois vous avoir déjà dit tout cela ; mais n'est-ce point le véritable objet de ma lettre? Je tiens surtout à vous entretenir des circonstances réellement curieuses de mon *lâchement* parce que vous pourrez peut-être me procurer quelque lumière sur ce petit événement privé qui m'afflige beaucoup, mais qui m'étonne bien davantage et que je présente à l'investigation de votre esprit comme un fait psychologique très particulier, très inexplicable et très curieux. Il avait été entendu que, en attendant la prochaine réalisation des promesses susmentionnées, je serais employé aux diverses besognes extraordinaires que comporterait le Congrès. Par là, m'avait dit M. Pagès, vous serez mis au courant de nos travaux et surtout vous aurez l'occasion de vous faire connaître de quelques-unes des personnes qui pourront vous être utiles. Or vous savez, mon cher M. Dupuis, s'il est facile de lier connaissance avec des gens pour la plupart profondément indifférents et qui passent du matin au soir en se bousculant. Mais je pensais naïvement que ce premier délai étant expiré, M. Pagès daignerait reprendre le fil de notre premier entretien et que dans le cas extrême où sa bienveillance aurait défailli, il voudrait au moins condescendre à *déplorer que des circonstances inattendues et fâcheuses* ne lui permissent malheureusement pas de faire ce que sa bonne volonté pour moi lui avait d'abord représenté comme possible. Hé bien, samedi dernier, LE GARÇON DE BUREAU m'annonça de la part de M. Pagès qu'il consentait à me garder encore un mois pour me donner le temps de chercher autre chose. Fort surpris de ce nouveau langage et médiocrement flatté du choix de l'ambassadeur, j'attendis l'arrivée de M. Pagès. La veille encore il s'était montré charmant. Aussi mon étonnement fut extrême de voir tout à coup paraître un visage farouche et gonflé de je ne sais quelle colère. Il me fut reproché beaucoup d'inexactitude et un certain mépris extérieur pour ce que je faisais et pour ce qui se faisait autour de moi. J'ouvrais la bouche pour répondre. Non, me dit M. Pagès, non, je ne veux rien entendre. J'ai la tête cassée. Vous chercheriez vainement à me prouver que je ne dois pas avoir telle ou telle impression. Il est inutile de plaider. Ce fut si étrange que je crus à un accès de folie. Il est vrai que j'en prenais à mon aise dans un bureau où je n'avais absolument rien à faire du matin au soir. Mais ce premier chef d'accusation n'est pas sérieux. Ce n'est qu'un prétexte, et sous ce prétexte il se cache une chose mystérieuse qui me semble ne pouvoir être démêlée que par vous. D'un autre côté je ne pouvais avoir une bien grande admiration pour les travaux exorbitamment ridicules selon moi du Comité. Mais je suis très sûr de n'avoir rien laissé percer de ce mépris. J'ai pu paraître triste et inquiet. Mais tout le monde a bien le droit de souffrir. Au milieu de plusieurs phrases incohérentes j'ai pu saisir au vol ce petit bijou de phrase que je livre à votre intention : *Je ne veux pas être pour vous un pis aller*. Dire cela à un homme qui crève de faim ! C'est beau comme l'antique. Prétendait-il donc que je l'épousasse ? Enfin il me fut impossible de savoir la cause de cette fureur bizarre ni même de savoir si je devais rester ou non. Le lendemain Dimanche de la Pentecôte j'écrivis à cet homme généreux. Je lui écrivis une lettre capable de toucher profondément un homme qui aurait eu du cœur, une lettre comme je serais très fier d'en recevoir et qui me porterait à tout entreprendre pour celui qui aurait assez de noble confiance pour me l'écrire. Le lendemain j'attendis M. Pagès au bureau. En arrivant il me dit avec emportement : Que faites-vous donc ici ? Je ne veux plus vous voir et je vous prie de vous retirer, sinon je serai obligé de m'en aller moi-même. Pas un mot surtout, je ne veux rien entendre. Et il s'en alla aussitôt sans qu'il m'eût été possible d'articuler quoi que ce fût. S'il avait eu vingt ans de moins, j'aurais exigé sur-le-champ une explication claire et complète. J'aurais su le contraindre à me la donner. Je fus violemment tenté de le prendre dans mes bras et de tirer de lui par la force les éclaircissements auxquels j'avais et j'ai encore un droit absolu. Je ne peux pas admettre qu'on en use de cette sorte avec un homme à qui on n'a rien de grave à reprocher, surtout lorsqu'on est lié par des promesses antérieures et des engagements d'autant plus sérieux qu'ils furent pris au nom de la Cause catholique et qu'on ne les demandait certes pas.

Voilà, mon cher M. Dupuis, toute cette ridicule histoire. J'ai pensé que vous pourriez peut-être découvrir quelque chose de ce mystère et je vous ai tout raconté fort exactement. Aujourd'hui j'ai trouvé une place beaucoup meilleure et je ne pense plus à tout cela que comme à un problème intéressant de psychologie appliquée. Voyez si vous pourrez le résoudre. Mais en attendant, je suis fort aise d'avoir pu m'édifier une fois de plus sur la valeur intellectuelle et morale des hommes qui sont à la tête du mouvement catholique en ce temps-ci. C'est une lumière de plus que Dieu a bien voulu m'envoyer et je l'en remercie. »

« Cette « place beaucoup meilleure », c'est un emploi chez un notaire. Il l'annonce à son père, en ces termes, le 6 juin :

« Mon cher Père, je t'annonce que je viens de changer d'emploi. J'avais cru et même on m'avait fait entendre que les fonctions de secrétaire que je remplissais le mois dernier seraient quelque chose de durable. Ce n'était que temporaire. On avait besoin de moi pour quinze jours tout simplement. Mais on aurait bien dû me le dire. Fort heureusement je viens de trouver autre chose de meilleur et je le crois de beaucoup plus stable. Un notaire m'offre chez lui une place qui pourra me rapporter deux cents francs par mois et me prendra tout de suite à la condition que je lui fournirai une ou plusieurs références convenables. »

Le 15 juin, il fait savoir qu'il a été agréé :

« Mes chers Parents, je vous annonce avec joie que mes démarches ont eu un complet succès. Me voilà définitivement casé. Les attestations que Papa m'a envoyées ont très largement suffi. D'ailleurs j'ai eu le bonheur de plaire du premier coup. Je m'estime fort heureux de cette trouvaille qui n'était certes pas facile et qui de toutes manières me paraît excellente. J'ai pu constater l'énorme difficulté de trouver du travail en ce moment chez les architectes de Paris. Il n'y a pas de travaux. Je l'avoue, je commençais à trembler. Je crois l'avoir dit dans ma lettre précédente. Je pourrai gagner là jusqu'à deux cents francs par mois. Il est vrai que le travail sera énorme, mais enfin j'aurai la satisfaction de recueillir le fruit de ma peine, de vivre uniquement de mes propres efforts et de tirer pour ainsi dire chaque pièce de vingt sous de ma propre substance, puisque je suis payé au rôle. J'ai remarqué avec une certaine joie que ce genre de travail dont j'avais perdu l'habitude et qui est si éloigné de mes goûts et des habitudes de mon esprit ne me fait pas horreur. En somme je crois que je suis un peu meilleur qu'autrefois ou si vous le préférez un peu moins mauvais, puisqu'aujourd'hui j'ai de l'ordre et de la résignation au travail. Tout le monde ici l'a remarqué, et je ne suis pas le moins étonné de tous. »

Il y avait cependant autre chose. Et Bloy ne livrait pas à ses parents le secret de son âme. Mais il écrivait à son ami Georges Landry, le 22 juin :

« Je t'envoie tout simplement quelques mots pour te consoler s'il est possible, et pour te prier d'avoir pitié de ton pauvre ami Bloy qui livre *en ce moment* la plus grande bataille de toute sa vie et qui ne sait où donner de la tête. Il m'est arrivé les choses les plus extraordinaires et les plus incroyables et *les plus heureuses*. Inutile de chercher, tu ne devinerais pas, quand même tu aurais la pénétration de notre grand Amiral, qui en a été étonné et qui ne devinait certes pas. » *(Lettres de Jeunesse.)*

Quoi donc ? Il fournit lui-même l'explication à son ami le 7 juillet suivant :

« Tu n'as pas d'idée de ma vie, et pour te donner cette idée-là, il faudrait précisément une longue lettre *passablement étudiée*, car je me trouve en présence d'une complexité de mystère qui ne permet pas que je me comprenne facilement moi-même. Nous en parlerons tête à tête et cœur à cœur à ton prochain retour. Qu'il te suffise de savoir pour le moment que je suis entré de plain-pied dans la vie surnaturelle. Cela de la manière la plus soudaine et la plus miraculeuse. Je suis relativement heureux pour la première fois de ma vie. Lorsque tu es parti j'avais trouvé un emploi. Je n'ai pas tardé à le perdre et j'ai vu s'avancer vers moi l'effroyable douleur d'autrefois. De quelle horreur je fus saisi, ai-je besoin de te le dire ? *Mais la Sainte Vierge m'a fait avoir un autre emploi* beaucoup meilleur que le premier, et c'est une admirable histoire que j'ai besoin de te raconter. » *(Ib.)*

Que Barbey d'Aurevilly n'ait rien deviné de l'état d'âme de son « converti », ce n'est pas nous qui nous en étonnerons. Nous suivons pas à pas Léon Bloy ; depuis le premier jour de sa conversion nous sommes persuadés qu'elle s'accomplit dans la profondeur. Barbey d'Aurevilly fut l'accoucheur qui mit au monde surnaturel un monstre dont sa très réelle tiédeur devait la première se scandaliser. Comment le commun des mortels n'aurait-il pas partagé le même sentiment ? Il ne comprendra jamais rien à Léon Bloy parce que la simplicité absolue, dont le nom réel est : naïveté, lui est lettre morte.

Or Léon Bloy fut essentiellement et surnaturellement un naïf. Il avait la claire et simple vue de l'enfant que n'a pas embuée encore l'haleine du pédagogue. Le sens du mystère était le lieu de son âme. Plus le mystère s'épaississait, plus le besoin d'affirmer se faisait grand en lui.

« Ah ! écrivait-il, quand je pense à la double vue de l'homme ! Quand je pense que par derrière cette muraille de chair, il y a tout un *MONDE* d'âmes, si différent de celui des corps, toute une hiérarchie immortelle qui a ses Rois, ses Aristocraties, ses Magistratures héréditaires et de droit divin, ses Soldats, ses Bourreaux, son Peuple et sa Canaille ! et que cela se gouverne sous l'œil de Dieu par une *politique réelle* et infaillible sans que rien ne sorte jamais de sa place et dérange l'Ordre primordial ! On pense peu à tout cela. Et cependant !!!...

Lorsque l'œil humain se retourne et se reploie vers ces profondeurs, il commence seulement alors d'apercevoir les linéaments divins de l'ordre suprême, et les dérèglements modernes viennent de ce que les hommes ont perdu ce regard. » *(Lettres de Jeunesse.)*

Non seulement ils l'ont perdu, mais ils se réjouissent de cette perte comme d'une délivrance. Ils ne verront même pas l'homme surnaturel qui vit à leurs côtés. Bien plutôt ils le persécuteront pour sa peine d'être différent des autres. Qu'est-ce que ce laïc, ce moine sans froc, qui s'avise de « sauver » des âmes plutôt que de « gagner » sa vie ? Qu'auraient-ils dit s'ils avaient lu des lettres comme celle-ci adressée à la sœur d'un ami très cher :

« Ah ! je voudrais acheter sa conversion au prix du plus long et du plus douloureux purgatoire. Avec quelle joie je souscrirais à un tel marché ! Chère âme de mon ami et cher ami de mon âme ! J'ai offert à notre cher Sauveur Crucifié, à notre douce mère du Sacré-Cœur, à tous les anges et à tous les saints du Ciel le pauvre sacrifice de mon bonheur, de mon repos, de ma santé, de ma vie, j'ai même fait le sacrifice le plus cruel pour un vaniteux comme moi, le sacrifice de ma pensée

dont je suis si fier, j'ai prié Dieu de faire de moi
un imbécile, un objet de dégoût afin que mon bien-aimé
frère Victor devînt en effet victorieux de lui-même et
serviteur fidèle de N. S. J. C. J'en suis arrivé à ce point
de ne pouvoir plus ni parler de lui ni même arrêter
quelque temps ma pensée sur lui sans être sur le point
de fondre en larmes. Dans ces moments-là, il faut que
je m'éloigne et que je me cache, car il ne vaut rien de
pleurer devant les autres. Je vais porter mes peines
aux pieds de notre Mère chérie qui est la reine du Ciel
et consolatrice de tous les pauvres cœurs affligés. Je
fais chaque jour le pèlerinage de N.-D. des Victoires
que j'aime de tout mon cœur et qui m'accorde à peu
près tout ce que je lui demande. Je m'entretiens silen-
cieusement avec cette belle Dame qui tient le salut
du monde dans ses bras ; je lui raconte mes peines
amoureuses, je lui représente familièrement combien il
est nécessaire que je devienne, par son intercession,
un grand saint, ne fût-ce que pour mieux agir sur le
cœur de votre frère. » *(7 décembre 1873.)*

Un grand homme est impossible aujourd'hui.

Blanc de St-Bonnet.

Barbey d'Aurevilly fit faire à Bloy la connaissance
de Blanc de St-Bonnet. Le jeune homme dut aimer
tout de suite le philosophe social et mystique de la
« Restauration française » et de la « Douleur ». On
s'en aperçoit à certaine lettre d'octobre où Saint-
Bonnet est traité de « très cher et très grand maître »
et où Bloy lui ouvre son âme comme il savait le faire :

« J'ai souffert beaucoup plus qu'on ne pourrait le
croire. C'est un secret entre Dieu et moi. Mais j'ai reçu
et je reçois chaque jour des grâces tellement inouïes
qu'il est impossible que je sois malheureux. Il me semble
que je suis au contraire très digne d'envie. Dieu, depuis
trois mois, me fait parcourir à grands pas la voie spirituelle. Il ne me laisse pas le temps de respirer. A ce
train-là je vais au ciel, et cette pensée me fait mourir
de joie. Qu'importe mon avenir si Dieu s'est chargé
d'y pourvoir ? J'ai obtenu, comme si j'étais un saint,
la grâce de recevoir tous les jours le Corps adorable
de Notre Sauveur et j'en éprouve de telles délices qu'il
m'est arrivé plusieurs fois d'avoir beaucoup de peine à
retenir dans l'église mes sanglots et mes cris. Il y a de

certaines choses qu'on ne peut pas dire, mais soyez
assuré que Dieu et la Très Sainte Vierge sa Mère me
traitent royalement et qu'ils ont le dessein de me mener
loin. Ma raison est accablée. Je n'ai besoin d'aucune
humilité pour voir l'effroyable et infinie disproportion
de mes mérites à ce que Dieu opère en moi, mais je
découvre une admirable proportion entre sa miséricorde et mon indignité. J'écris cela pour vous seul,
c'est entendu. Eh bien ! je voudrais que Dieu me fît
souffrir le plus cruellement du monde. Je ne lui demande absolument qu'une seule chose, la force. J'aime
la magnificence, il est admirable que la misère me soit
imposée ; j'aime les jouissances de la vanité, il est
admirable que je sois dans une position inférieure.
J'aime l'étude, il est sans doute très bon que je sois mis
dans l'impossibilité d'étudier. J'ai ou je crois avoir
deux ou trois facultés vigoureuses, il est peut-être
sublime que je ne puisse pas les développer. Je vois
venir le moment où je pourrai dire en mon âme avec
assurance et fermeté : Excepté Dieu, tout m'est égal,
Me voici dans la vie surnaturelle, et je l'espère, pour
n'en jamais sortir. Je ne suis plus du tout le Bloy que
vous avez vu. De celui-là l'apparence matérielle est
restée, et c'est bien tout. Vous voyez, Maître, que je
vous parle avec une grande naïveté. C'est que je sais
que vous avez de l'amitié pour moi et que je ne voudrais
pas que vous me crussiez malheureux. Ce serait une
erreur absolue. Je vis avec la pensée que voici : il est
absolument impossible humainement que je sorte de
la position où je me trouve. Eh bien ! tout est dit :
si Dieu a mis en moi les facultés d'un apôtre, il lui
plaira de me fournir les moyens et l'occasion de les
mettre en œuvre et d'en tirer tout le parti qu'il jugera
convenable. Comment pourrais-je me plaindre ? »

Existe-t-il dans la littérature « chrétienne » un acte de foi plus absolu et plus magnifiquement exprimé ? La souffrance est apparue à Bloy comme la pauvreté à saint François d'Assise ; et il n'a pas plus repoussé cette fiancée austère que le Poverello sa minable Dame. Il l'a aimée avec passion ; il l'a installée au creux le plus secret de son cœur ; il lui a voué sa virginité ingénue. La pauvreté ne lui cacha pourtant aucun de ses redoutables privilèges. Il sut son inextinguible jalousie et son exclusivisme farouche. Je suis trop belle pour être aimée, lui répétait-elle avec une cruelle coquetterie. Il l'aima pour cette inaccessible et incompréhensible beauté et pour sa cruauté même. Il fut le chevalier servant de la souffrance et son homme lige. Et il répondit d'elle devant la Chrétienté scandalisée.

La Chrétienté! Elle fuyait la souffrance, parce que l'héroïsme commençait à lui devenir étranger. Le temps des Martyrs était entré dans l'Histoire ; il tournait donc à l'état de mythe. Et l'homme du siècle nouveau n'allait plus se réclamer que de la Science. Bloy ne le laissa pas jouir en paix de son bonheur porcin. Il lui offrit comme un cauchemar le spectacle de son union monstrueuse avec la rebutée des peuples. Il acquit à ce jeu la réputation que l'on sait.

Le mariage mystique du futur « Mendiant » avec

la toute belle Souffrance s'accompagnait d'un abandon total à la volonté de Dieu. Le candide héros de ces noces anachroniques s'imaginait ainsi capter la confiance de la Chrétienté et l'amener au dessillement des yeux et à la contrition du cœur. Hélas ! il n'y avait plus de Chrétienté ; lui seul représentait encore le Moyen Age. Comme je comprends qu'il ait, bien des années plus tard, accueilli avec des cris d'enthousiasme, le « Revenant » de Jehan Rictus ! Il ne pouvait que se reconnaître dans cet intrus hirsute, dans ce pur esprit reparaissant au milieu de la plus immonde viande.

La naïveté de Bloy était incorrigible. Il ignorait profondément la politique, fût-elle tirée de l'Écriture Sainte. Il ne savait pas que des chrétiens même peuvent vous accueillir et vous utiliser à des fins diverses qui ne sont pas essentiellement la gloire de Dieu. Il ne savait pas que cette Gloire de Dieu sert parfois de prétexte au développement des plus communes passions, tels l'envie, le désir de paraître et celui de régner. Il ne savait pas que l'on compose le plus aisément du monde avec cette même Gloire de Dieu et, de même que l'on trompe l'Ancien des Jours sur la qualité en revêtant ses temples de faux marbres et les empestant de faux encens, de même l'on fait ses petites affaires en faisant celles du Ciel. L'incident Pagès aurait dû lui ouvrir les yeux. Mais il était écrit qu'il apprendrait à ses dépens le peu de fonds qu'il sied d'accorder aux hommes, fussent-ils maîtres de l'heure et « colonnes de l'Église ». En vérité, la supériorité de Bloy, sa « tare » providentielle, c'était son christianisme, c'est-à-dire sa façon de peser le temps aux balances de l'éternité. Ce christianisme-là était un scandale ; et la société, même chrétienne, ne veut plus de scandale. Blanc de Saint-Bonnet recommanda un jour Léon Bloy à Louis Veuillot. Veuillot pria Bloy de passer par son bureau à l' « Univers ».

Ainsi commença une nouvelle étape de la vie du pauvre homme. On a beaucoup écrit déjà sur cette étape ; mais ceux qui tenaient la plume se sont presque toujours voilé la face pour affirmer que la « haine » de Bloy pour Veuillot était un des mystères de l'Histoire. On a dû reconnaître que Veuillot ne s'entoura guère que de médiocres et de quarts-de-talent. Mais Bloy ne lui reproche que cela. Et n'en a-t-il vraiment pas le droit, lui dont la place était à l' « Univers », et que Veuillot laissa tomber parce qu'il était « trop vibrant » ?

« M. L. Veuillot, écrivait Bloy, est adoré, et il faut reconnaître qu'il se trouve dans les conditions requises pour cela. Talent incontestable de polémiste, mais seulement de polémiste, son essor intellectuel est par cette raison inexorablement assujetti aux évolutions poli-

tiques et religieuses de son temps. La nature toute
militante de son esprit a tourné sa foi exclusivement
dans le sens des idées modernes dont il s'efforce de
combattre l'influence en leur prêtant le relief lumineux
de sa propre conviction. Mais son action ne peut s'exer-
cer que sur les choses immédiatement présentes — il
est le porte-miroir de la Vérité catholique et rien de
plus. Il n'a pas la profondeur relative et tout à fait
concrète de ce speculum de justice posé sur sa tête.
Aussi les hommes qui viendront après nous mesureront
à l'importance de son action l'importance intellectuelle
de cet homme d'action et ce sera peu. Il fait une besogne
et il dit des choses pour lesquelles il faut être un héros,
sous peine de médiocrité, sans juste milieu possible et
M. L. Veuillot n'est pas un héros. Ce seul trait le condamne. C'est, il faut bien le dire, un boutiquier, un
marchand d'épices catholiques, un débitant de vanités,
infiniment préoccupé des intérêts temporels de son
amour-propre de journaliste et, au fond, très disposé
à leur sacrifier les intérêts spirituels de l'Église qu'il
défend comme s'il la tuait.

Patronné et admiré par les trois quarts du clergé
français, l'influence qu'il en reçoit est misérablement
proportionnée au besoin qu'il a d'en être loué et il est
gallican malgré lui. Il apporte presque toujours dans
la discussion, non l'éclat de la lumière mais celui de son
invective et il est humiliant d'avouer que tout son relief
en est tiré. Sa célébrité est adéquate au scandale.

Voyez son journal. — Excepté lui, tout y est d'un
médiocre qui va jusqu'à l'imbécillité. « L'Univers » est
absolument illisible. — Mais gardez-vous bien de croire
qu'il l'ignore. C'est un calcul de vanité. Il est l'orfèvre
de sa fausse gloire. Décrottez-le de ses co-rédacteurs
et des scandales qu'il exploite, il aura perdu tout son

ressort. De sentiment profondément orthodoxe, de synthèse catholique, large et puissante, on ne lui en connaît pas. En dehors de la polémique de journal il est exactement au niveau de zéro. Il est tout au plus bon à coller des affiches ou à écrire pour la maison Mame.

Lorsque « l'Univers » reparut dernièrement plus vigoureux et plus violent que jamais, on eut la bonté de croire que M. d'Aurevilly en serait. M. Louis Veuillot, comme tous les orgueilleux, est le législateur de son orgueil. Il s'ensuit qu'il a le droit de grâce, applicable à lui tout seul. Et puis, la personnalité de M. B. d'Aurevilly eût été quelque chose de trop éclatant et de trop encombrant pour le journal de M. L. Veuillot. Il aurait admirablement servi la cause catholique, cela est vrai, mais il aurait mal servi la vanité littéraire de M. Veuillot, totalement éclipsé du coup, et c'est une chose que ce dernier ne pouvait souffrir. »

Bloy écrivait, le 11 décembre 1873, à Barbey d'Aurevilly :

« Il y a deux semaines je trouvai chez moi une lettre de M. L. Veuillot. Je reconnus immédiatement l'écriture par l'enveloppe et je me mis à penser que c'était là ce catholique très *connu* dont vous parlait M. de St-Bonnet et qui devait s'occuper de moi. C'était vrai. M. Veuillot me priait de l'aller voir et m'annonçait les meilleures intentions. J'y courus le lendemain. A la vérité, j'espérais peu. Je m'attendais à quelques paroles bienveillantes sans aucun autre effet de bienveillance. Eh bien ! je me trompais. Non seulement l'accueil fut exquis, mais encore je fus encouragé à revenir le surlendemain muni de quelque travail qui pût montrer ce que je savais faire, et M. Veuillot alla même jusqu'à m'offrir de l'argent dans le cas où (par hasard) je n'eusse pas encore dîné. Étourdi de toute cette nouveauté dans laquelle une dévotion toute particulière me montrait à nu la main de ma bonne Mère du Sacré-Cœur, je me mis à l'œuvre et j'arrangeai en article un long travail sur la Restauration Française que M. de St-Bonnet avait trouvé très bon et que M. Veuillot sans hésiter déclara supérieur, en ajoutant qu'on le publierait dans l' « Univers », et qu'il ne voyait pas de meilleur moyen de me tirer d'affaire que de me donner la critique littéraire du journal. Je vous laisse à penser si j'étais joyeux. A ce moment-là, plusieurs personnes très pieuses priaient pour moi, et un curé de Paris, un prêtre d'une grande réputation de sainteté, offrait pour moi le Saint Sacrifice. Il me serait difficile de vous donner une juste idée de ce que fut pour moi M. Veuillot. Il pleurait. Il m'assurait que toutes mes peines étaient finies et qu'il prenait sur lui d'y mettre fin n'importe comment. Il entendait que je quittasse tout de suite mon notaire, et son dernier mot fut que je me considérasse désormais comme un rentier. Je l'ai revu deux fois encore (il vient de partir pour Rome), et il m'a donné cent francs pour passer le mois de décembre au coin de mon feu sans avoir besoin de copier des contrats de mariage ni aucune autre bouffonnerie de ce genre.

Il compte qu'à son prochain retour je pourrai lui donner un article sur la légitimité et un autre article sur une histoire de l'amiral de Coligny qui vient de paraître et que je n'ai même pas encore lue. Ce dernier livre est peut-être d'une faiblesse extrême, mais enfin je pourrai me rattraper sur la Ligue qui n'est pas une chose faible ni petite dans l'histoire de la France. Vous me rendriez un vrai service en me donnant dans une

lettre très prochaine deux ou trois idées sur ce Coligny.
Ce sera probablement mon premier article à l' « Univers », et je voudrais qu'il fût très bon. »

Voilà un excellent début, et l'avenir s'annonce
merveilleux. Un instinct providentiel avertit cependant Bloy qu'il est destiné de plus en plus à ne compter que sur Dieu seul. C'est pourquoi il ajoute :

« Voilà toute mon histoire. Maintenant je me hâte
de vous dire ceci : Je suis absolument dans la main de
Dieu et de la Sainte Vierge qui feront de moi ce que
bon leur semblera. *Je n'ai pas besoin de M. Veuillot.*
S'il tient ses promesses tout sera bien. S'il m'aban-
donne tout sera bien. Je ne me dissimule pas que cette
dernière chose peut surtout arriver. Je m'y attends
même. Depuis mon enfance je ne me souviens pas
d'avoir été sans souffrir de toutes les manières et souvent avec un excès incroyable. Cela prouve tout simplement que Dieu m'aime beaucoup. J'ai souvent et
beaucoup médité sur la souffrance. Je suis arrivé à me
convaincre qu'il n'y a que cela de surnaturel ici-bas.
Le reste est humain.
Il y a dans tout chrétien un *homme de douleurs* et
c'est celui-là qui est Dieu. Il y a déjà longtemps que j'ai
offert le sacrifice de ma vie, de ma santé, de mon repos
sur la terre et je prie Notre Sauveur qu'il veuille l'accepter en expiation du mal que j'ai fait et pour le salut
de ceux que j'aime et qui vivent éloignés de lui. Je
crois cependant, malgré quelques paroles malignes de
M. Nicolardot, que M. Veuillot a obéi à une inspiration
de charité et qu'il me veut réellement du bien. Je n'ai
pas le droit d'en douter. Mais aussi, je SAIS que Dieu

me mène par des voies peu ordinaires où les hommes
sont comptés pour peu de chose, et il serait contraire
à l'expérience de ma vie spirituelle que quelque chose
d'heureux eût en ce qui me regarde, son effet normal
et espéré. J'ai toujours obtenu cinquante fois plus que
je n'espérais mais jamais ce que j'espérais. Il est donc
possible que Dieu m'ait envoyé cette espérance de
prospérité à cette seule fin de me procurer, en me la
retirant, l'épreuve d'une déception soudaine et déso-
lante. La vertu que je cherche et que je demande sans
cesse, c'est la grande et surnaturelle vertu d'abandon
à la sainte volonté de Dieu laquelle briserait enfin
mon orgueil qui fait obstacle sur tous les points à
l'avancement de mon cœur. »

A la lecture de cette confession admirable, qui
m'arrache à moi des larmes au moment que je la
transcris, des gens me diront peut-être : c'est très
beau ; mais alors pourquoi ces cris perpétuels, cette
angoisse ou cette colère dont la progression épique
a fini par scandaliser les trois quarts de l'univers,
et qui cadre si mal avec cette confiance en Dieu?

Parler ainsi, c'est n'avoir aucune connaissance
profonde de l'homme et de la vie spirituelle. Bloy
sentait sa force grandir en lui de jour en jour. Et
plus croissait cette force, mieux il constatait qu'elle
était rendue vaine par la coalition générale des
intérêts médiocres et des sentiments sans grandeur.
Comment n'eût-il pas bondi, à tout le moins rongé
son frein avec rage ? Croit-on que l'abandon chrétien

à Dieu rende l'homme eunuque ? La colère de Bloy, qui alla jusqu'aux confins du désespoir, n'est que la constatation magnifique, par un envoyé de Dieu, de la misère humainement sans remède de ce monde condamné. Mais loin d'exclure la foi, elle lui rend grâce bien plutôt d'être l'ancre unique de salut. Et le désespoir de Bloy n'est que l'envers splendide d'un amour dont ce monde ne voulut jamais.

Voilà donc Bloy installé à l' « Univers ». Un premier avatar l'y déçoit. Il écrit à Daussin le 14 février 1874 :

« Vous avez dû recevoir par Victor le numéro de l' « Univers » qui contient mon premier article, mon début dans le journalisme. Le début s'est accompli dans les conditions les plus heureuses. M. de St-Bonnet, à la suite de vos lettres et de celle de M. d'Aurevilly, m'avait recommandé à M. Louis Veuillot. Certes, j'étais bien éloigné de croire qu'une pareille recommandation pût avoir un grand effet. Cependant l'effet a surpassé toutes mes espérances à ce point que mon étonnement n'a pas encore cessé. M. Louis Veuillot m'a confié du premier coup une des besognes les plus importantes de son journal, c'est-à-dire la critique littéraire. C'est dans le journalisme la position la plus indépendante et la plus enviée. Une telle position dans un tel journal est tellement importante que dans six mois je peux avoir conquis la célébrité. Pour comble de bonheur j'ai pu placer mon premier article avant la suspension de l' « Univers ». Cette suspension est de deux mois et finira le vingt mars. Mon premier article a fait quelque bruit. J'ai été chaudement félicité. Quant à la position matérielle elle est médiocre ; les journaux paient très mal. Cependant, je crois pouvoir compter sur 200 francs par mois. Dans tous les cas j'ai enfin une issue et un avenir devant moi. »

Cette illusion ne dura guère. On allait signifier à l'écrivain, de la manière la plus détournée et la plus sournoise, qu'il n'avait aucune chance de plaire. La lettre suivante adressée à Veuillot lui-même en témoigne (16 avril 1874) :

« Monsieur, vous allez trouver bien étrange que je vous écrive lorsqu'il est si facile de vous voir, et même, j'ai peur que vous n'en soyez pas très content. Mais il s'agit pour moi ni plus ni moins que de vie ou de mort, et je n'ai pas de confiance dans ce que je pourrais vous dire si j'étais en votre présence. Voici très brièvement ma grande affaire. Je voudrais qu'à l'*Univers* les moyens de vivre me fussent assurés. Voici bientôt deux semaines que mon dernier article a paru, et je ne sais pas quel jour il sera possible d'en faire paraître un autre. Et cependant, vous le voyez, voici près d'un mois que la publicité nous est rendue. Un seul article en un mois ! Que voulez-vous que je devienne ? Je suis épouvanté. M. votre frère ne croit pas qu'il soit possible de donner plus de deux de mes articles par mois, et ils me sont payés 50 francs. Certes ! je ne me plains pas de ce salaire, mais je ne pourrais gagner ainsi que 100 francs, et il est absolument impossible que je vive de cela. Je suis très affaibli par les privations terribles de mon ancienne vie : je sens très bien que ma santé va me quitter si ma nourriture ne devient pas très saine. D'après vos avis, je me suis déterminé à manger à la pension de M. Lapeyre, et cette pension *seule* va me coûter 90 francs. Comment ferai-je pour renouveler mes vêtements, pour payer mon logement et pour faire face aux dépenses imprévues ? Cette arithmétique me fait horreur ; mais je ne peux pourtant pas y échapper. Ne pourriez-vous pas trouver le moyen de me rendre la vie moins précaire et moins difficile ? Jusqu'à ce jour vous ne m'avez fait que du bien. Vous avez mis un terme à cette horrible existence que je commençais à n'avoir plus le courage de supporter et vous m'avez ouvert l'avenir d'un seul coup. Ne vous arrêtez donc pas, achevez votre ouvrage, je vous en supplie. Je comprends très bien qu'on ne puisse pas me donner un jour par semaine comme cela se pratique dans les autres journaux où l'exiguité de l'intérêt fait équilibre à l'abondance des matières. Mais alors assurez-moi un appointement fixe qui me permette de régler ma vie et ma dépense sans être tourmenté par l'incertitude. Cette table d'hôte où je mange depuis deux jours, je vais être obligé d'y renoncer si ma position ne cesse pas d'être incertaine. Je ne me sens pas la force de faire des dépenses que je serais presque assuré de ne pouvoir payer. Lisez, Monsieur, cette lettre avec bonté. Le fait de vous l'avoir écrite vous montre assez mon embarras, et vous m'avez traité si paternellement jusqu'ici que j'ai déjà perdu la crainte que vous en puissiez être offensé. »

Qu'advint-il de cette lettre ? On le devine à lire la missive suivante que Bloy envoie à son père, le 22 juin :

« ...je n'ai pas trouvé à l' « Univers » les avantages

que j'espérais et... ma position y est fort précaire. On me trouve un peu trop d'indépendance d'esprit et pas assez de souplesse. M. Louis Veuillot m'a fait entendre assez clairement qu'il aurait désiré que j'entrasse un peu dans la politique de son journal, et d'autres m'ont dit plus clairement encore qu'il aurait fallu que j'admirasse un peu plus mon chef de file. J'avoue que je me suis senti peu de goût pour l'une et l'autre chose. Je trouve la politique de M. Veuillot ridicule, et son mérite littéraire personnel me semble médiocre. Je n'ai jamais exprimé cela mais on le sent un peu et M. Louis Veuillot voit très bien que dans le fond de mon âme je le juge tout comme un autre. Il est environné ici d'une troupe de personnages assez médiocres qui l'adorent à genoux 24 heures par jour. J'ai montré que je n'adorais que Dieu, et cela a déplu. Ma position qui pouvait être très belle et me rapporter honneur et profit si M. Louis Veuillot avait voulu agir noblement avec moi se trouve, en somme, assez misérable. On ne me met pas à la porte parce que cela pourrait avoir de graves inconvénients, mais on s'arrange de manière à publier très rarement mes articles, tout en me prodiguant les compliments les plus flatteurs... »

Ceux qui ont fréquenté les milieux journalistiques reconnaîtront la sincérité de cette page et son actualité en quelque sorte éternelle. Dans une lettre au Père chartreux Marie-Cyprien, du 21 mars 1883, Bloy précise les reproches de Veuillot :

« Depuis le jour où M. L. Veuillot, autre paladin, qui m'avait *promis* de me faire ma *fortune*, m'a poliment éliminé en déclarant que j'étais *trop vibrant*, trop rempli d'épithètes et par conséquent *impossible*, j'ai continuellement rencontré le même obstacle invincible. Défense de déposer de l'enthousiasme et de la pensée le long de ce mur. »

Avais-je raison de traiter Bloy de grand naïf ? Je le vois, cet homme qui n'est qu'une âme et un acte d'amour, entrer dans la vie, armé de sa seule croyance en Dieu et persuadé que les murs de Jéricho vont tomber au simple bruit de sa trompette inspirée. Je l'entends parler absolu. On lui répond contingence. Et il en reçoit un coup au cœur. Quel apprentissage cruel de la vie fit cet homme arrêté dès ses premiers pas pour délit de foi intégrale ! Où il croyait rencontrer Dieu, il se trouve nez à nez avec cette mixture d'esprit de foi et d'esprit du monde qu'on appelle société chrétienne. Il s'était imprégné de la Bible et du Nouveau Testament. Mais il s'agissait bien de parole de Dieu, puisque la consigne était de composer avec le siècle ! En somme, la foi pratique était envolée, et nul n'en voulait convenir. Or Bloy n'était pas l'homme des compromissions. On s'effara de ses écarts possibles et de ses irréparables impairs. C'était le paysan du Danube introduit dans la chapelle de Versailles, l'homme des Catacombes planté comme un sanglant reproche au milieu de l'église mondaine du quartier riche et bien pensant. Ineffable naïf qui croyait pouvoir remonter le courant de làcheté, d'abdication, de veulerie où s'abandonnait une société née pourtant de Jésus-Christ ! Héroïsme ! Martyre ! Foi passionnée ! clamait l'homme. Opportunisme ! répondaient en écho les chefs du peuple. Depuis fort longtemps il en était ainsi. Bloy l'ignorait donc ? Mais non ; c'est le propre de la Foi d'aveugler merveilleusement le courage et de minimiser la résistance de la force d'inertie.

Que faire à présent ? Le pavé parisien ne nourrit personne. Il y a bien le « petit livre ouvert qui est en la main de l'ange qui se tient sur la mer et sur la terre ». Mais cette nourriture, douce à la bouche comme du miel, est amère aux entrailles. Et, si l'homme ne vit pas seulement de pain, il est clair qu'il ne faut pas commencer par lui retirer cet aliment primordial. C'est pourtant ce que fit Veuillot et, en sa personne, toute cette société dite chrétienne. Elle arracha le pain matériel de la bouche d'un pauvre qui lui apportait dans une panetière de diamant la nourriture spirituelle.

De quoi vécut alors Léon Bloy ? Le journalisme catholique lui était hostile.

« Je me suis proposé, — écrit-il à sa mère, le 24 juin 1874 — de dire la vérité quand même et toujours, sans jamais consulter mon intérêt, fermement résolu de dire nettement : tel livre est bon, quand même il s'agirait d'un ennemi, et : tel livre est mauvais, quand même ce serait celui d'un ami ; et la preuve c'est que j'ai commencé par blâmer un livre de M. de St-Bonnet, qui ne m'avait jamais fait que du bien. »

Où ces mœurs nous conduiraient-elles ? devaient s'exclamer les directeurs de journaux...

Le nom de Bloy faisait pourtant son petit tour du monde catholique. Une revue légitimiste, la « Restauration », lui ouvrit ses colonnes.

« Je vous enverrai la semaine prochaine — (juin 1874), mande-t-il à sa mère — une *revue* où j'écris. Le directeur de cette revue est venu lui-même chez moi solliciter ma collaboration, ce qui prouve qu'on commence à faire quelque cas de moi. C'est donc une nouvelle corde à mon arc. »

Sans doute ; mais combien peu rémünératrice. M. de Cadoudal, avec qui il était entré en relations, lui fournit une troisième corde. Il adressa Bloy à un de ses amis, un M. Arnaud d'Abbadie, qui cherchait un secrétaire :

« Il paraît que ce monsieur — écrit Bloy à d'Aurevilly, le 23 juin 1874 — s'occupe de travaux considérables sur l'Abyssinie où la plus grande partie de sa vie s'est écoulée. Un volume est déjà publié. Ce monsieur ne m'a pas déplu, au contraire. C'est un vieux militaire très catholique dans son langage et très pittoresque dans son expression. Il est légitimiste, il est vrai, mais à la manière abyssinienne et non pas comme ce pauvre M. de Cadoudal. Je lui ai parlé avec une grande netteté. Je ne lui ai rien caché de ma vie ni de mes véritables sentiments. J'ai même poussé jusqu'à lui dire ma façon de voir sur Henri V : Je suis papiste, n'attendez de moi rien de plus, et je baiserai les pieds du premier *homme* venu qui défendra le pape et fera la guerre à la Révolution, quand même cet homme serait Félix Pyat. Je lui ai parlé comme cela, et il m'a répondu que cette manière de penser lui plaisait beaucoup. Nous n'avons rien décidé dans cette première entrevue. M. d'Abbadie doit m'écrire pour un second rendez-vous, et alors nous arrêterons les conditions de mon nouvel état. M. de Cadoudal m'a simplement dit qu'il s'agissait d'aller vivre à St-Jean-de-Luz où je trouverais cent francs par mois, le logement et un repas par jour, avec le revenu de quelques articles que je pourrais envoyer soit à «l'Univers», soit à lui-même et l'espoir d'une *correspondance.* Je trouve que cela mérite attention. Vous n'ignorez pas que je souffre presque continuellement de la faim. Je suis sûr que tout compte fait je n'ai pas mangé plus de quatre mois en un an. J'aurai là-bas la certitude de la vie matérielle, la paix et l'ordre dont j'ai tant besoin. J'aurais au moins cela. Il est vrai qu'en quittant Paris, je renonce probablement à l' « Univers ». Déjà j'ai beaucoup de peine à faire payer quelques articles ; quand je serai à deux cents lieues, on ne pensera guère à moi sans doute. Je suis dans une grande perplexité. En m'éloignant je ferai un acte de raison et en ne m'éloignant pas je ferai peut-être un acte de courage. Je suis bien embarrassé. »

L'affaire d'Abbadie eut-elle une conclusion ?

Rien ne devait réussir à Léon Bloy. Le lendemain, 24, il écrit déjà mélancoliquement à sa mère :

« Si cette affaire échoue, ce sera un malheur ; mais je ne serai pas perdu pour cela. »

Le 8 juillet, il annonce à Barbey d'Aurevilly :

« Je ne pars pas. Mon affaire est encore possible ; mais elle ne se décide pas, et j'en suis fâché. Je ne vois plus Veuillot, depuis trois mois. Il n'est même pas très sûr que je le reconnaîtrais. Ce nom seul me fait positivement horreur. Ah ! si jamais...

Cadoudal est mieux. Je vous annonce un numéro de la « Restauration » qu'il va vous envoyer. J'ai fait la bande moi-même. Vous lirez un long article de moi, bien supérieur à tous mes autres et particulièrement à mon dernier de « l'Univers » dont je n'étais guère content et que je fis avec un profond dégoût. Je travaille avec des peines d'âme et des peines d'esprit très difficilement supportables et dans des conditions matérielles qui donneraient de l'effroi à un stoïcien. Je ne me sauve que par la communion fréquente, et il m'est arrivé de n'avoir pas d'autre nourriture. On me reproche de ne pas produire assez. Les pharisiens qui ont mis ce reproche au bout de leur refus de me secourir ont-ils pensé agir très noblement ? Hé ! mon ami Veuillot, tire-moi d'abord du danger, tu me feras après ta harangue. Enfin ! lisez toujours mon article et dites ce que vous en pensez. Écrivez-moi sans crainte. Si je devais partir, vous en seriez averti le jour même, et alors Georges vous resterait et je vous assure que pour vos corrections il me vaut bien.

(Prière). Quand vous aurez lu l'article de la « Restauration », envoyez-moi le numéro. J'ai besoin de plusieurs exemplaires, et Cadoudal n'en donne pas facilement. Cette ordure légitimiste coûte un franc Vous m'obligerez beaucoup. »

Léon Bloy ne partira jamais pour Saint-Jean de Luz. L'affaire d'Abbadie était un but terrestre, c'est-à-dire exactement rien. Quoi donc ? Et que restait-il à l'infortuné ? La carrière administrative lui était interdite autant que le droit de commercer l'était aux anciens nobles. La carrière artistique le décevait. Le journalisme catholique s'arrangeait pour lui rendre la vie intenable. Une seule issue demeurait pour lui ouverte : le cloître. Mais avait-il la « vocation » ? Cette angoisse le hantait depuis quelque temps déjà. Sa mère avait envisagé ellemême l'hypothèse ; mais c'était — pressentiment ? — pour le détourner du sacerdoce. Dans la lettre à Barbey que nous venons de transcrire, lui-même écrit :

« Vous avez tort de croire que je veux rester polisson. Seulement vous savez que les théologiens admettent deux sortes de vocations : la vocation *impérative* et la vocation *permissive*. On ne peut pas résister à la première et on peut résister à la seconde. Je ne sais pas quelle est ma vocation, ni même *si j'ai une vocation religieuse*. Je me suis mis dans les mains de Dieu et de sa Mère. Mais je ferai ce que j'ai dit. J'irai à Solesmes ou à Ligugé avant l'hiver, à moins que je ne sois obligé d'aller aux Pyrénées. Dans ce dernier cas je croirais que Dieu ne veut pas que je sois bénédictin. »

Il écrit enfin en août à dom Guéranger une lettre
dont voici le début émouvant :

« Mon père, je vous prie de lire avec patience cette
lettre dans laquelle j'ai mis beaucoup de tristesse et
beaucoup d'espérance.

Je me nomme Léon Bloy. Je suis rédacteur à l' « Univers » et je suis malheureux. Voilà ce qui peut me recommander à vous, et je reconnais que c'est très peu. Je
porte la plus lourde peine qui puisse, je crois, peser
sur une âme. Je suis dans l'incertitude de ma vocation.
La vie religieuse régulière m'attire très fortement depuis
plusieurs années, et cependant je ne sais pas me détacher
de la vie du monde que je hais et qui me fait horreur. »

Par l'ordre du Maître terrible... On
lia sur les épaules de ce malheureux un
fardeau qui aurait écrasé vingt hommes.
Et voilà un quart de siècle que cela
dure ! Pour que la peine soit intolérable,
il est entendu qu'elle ne finira que le
jour où un *ami* prendra sur lui le fardeau.

(Écrit sur un lambeau de lettre mor-
tuaire.)

Comment la vocation sacerdotale ou religieuse eût-elle été celle de Léon Bloy ? Sacerdoce, cloître, autant de cadres, comme — révérence parler et chacun me comprend — industrie, politique, commerce, finance. Léon Bloy était hors cadre. Sa vocation devait être de n'en pas avoir. Soldat, il n'eût pu devenir que franc-tireur ; civil qu'insoumis ; croyant que mystique c'est-à-dire prophète. Les voies communes ne lui pouvaient convenir ; non qu'il nourrît l'orgueil de faire bande à part, mais l'inéluctable destin le poussait à sortir de toute voie, seule façon pour lui de suivre la sienne. Glorieuse mais périlleuse et abominable vocation. Car elle le désignait à l'indignation, au sarcasme, à toutes les déconvenues de la misère. Elle devait affubler cet humble d'une simarre d'orgueil, et faire passer ce très doux pour un impitoyable. Jamais plus tragique malentendu ne se produisit dans l'Histoire littéraire. Quand cessera-t-il ? Dieu le sait. L'essentiel, en attendant, est que l'œuvre de Bloy ait son cheminement libre dans les âmes.

Il était logique pourtant que le futur Marchenoir songeât au séminaire ou au cloître. Le contact du monde communique toujours aux grandes âmes la nostalgie de la solitude. Mais, à bien y réfléchir, la solitude cénobitique n'est encore qu'une demi-solitude. Ce retranchement du monde comporte une grande part de vie commune. Il est plus un renoncement idéal qu'un détachement absolu. Pour tout dire, le sacerdoce et la vie religieuse sont des mondes organisés, hiérarchisés où doit fatalement renaître quelque chose du régime social du monde extérieur. Cependant, la discipline y est rigoureuse, hostile à toute déviation purement artiste. Le moine romantique n'a jamais existé que dans l'œuvre de Verhaeren. Et, depuis la Réforme du Concile de Trente, tous les efforts de l'innombrable armée sacerdotale séculière et régulière ne tendent plus qu'à la défense apologétique de la Vérité. L'ère des cathédrales de pierre et de vitraux est définitivement close. Léon Bloy, tout nerfs, tout sang, ne se serait pas accommodé deux mois d'une vie aussi stricte, aussi rigidement agencée. Les grands artistes et les grands imaginatifs ne reçoivent pas une vie toute faite. Ils pétrissent la matière des jours que Dieu leur compte selon leur rythme propre. Ils sont des créateurs d'univers, des Jéhovah d'une Genèse bien à eux. C'est affaire à d'autres de les suivre. Eux n'obéissent qu'à cette conscience mystérieuse que certains nomment leur étoile et qui, moins banalement, s'appelle leur vocation.

Où classer de tels hommes ? Ils échappent par essence au classement. Jadis, la Thébaïde leur proposait des retraites véritables, de matérielles et de spirituelles retraites. Mais il n'y a plus de Thébaïdes. Le microbe humain a vicié toutes les solitudes. Bon gré, mal gré, il faut vivre parmi les hommes, quoi qu'en dise l'*Imitation*. Malheur donc à ceux que Dieu dota d'une âme de solitaire. Le monde les repousse doublement, quitte à leur reprocher plus tard une inconcevable sauvagerie. J'ai dit que Bloy, hanté par la vie religieuse, n'aurait pas supporté longtemps le régime de communauté. C'est que, en dehors d'une inaptitude foncière à se ployer aux exigences monotones d'une règle, son instinct d'observation aurait vite discerné les tares et les imperfections sous le vernis angélique. Et il lui eût été vite insupportable de retrouver, dans l'atmosphère du cloître, les vestiges de cette médiocrité qui lui faisait fuir celle du monde. Mais on devine quelles rancœurs durent assaillir alors cet homme d'absolu. Était-ce donc un crime de vouloir uniquement, exclusivement, perpétuellement la gloire de Dieu ? de prendre à la lettre les paroles de ce même Dieu ? de s'attacher sans arrière-pensée à leur sens à la fois littéral et mystique ? de rejeter ce qu'elles condamnent, de maudire ce qu'elles maudissent, de chérir ce qu'elles recommandent d'aimer ? Fallait-il, pour mériter de devenir un chrétien acceptable et un parfait citoyen, endosser la médiocrité courante, crever des yeux qui voyaient trop aigu et ramener en arrière un enthousiasme qui s'élançait trop avant ? Léon Bloy entra alors dans une sorte de nuit obscure qui dura plusieurs années. Que fit-il et de quoi vécut-il en 1875 et 1876 ? Nous manquons pour cette époque de renseignements positifs. Mais nous imaginons, sans crainte de nous tromper, qu'il se reput de misère et qu'il commença de se sentir devenu, comme les chrétiens de saint Paul, la balayure du monde. La communion quotidienne le soutint et l'exégèse biblique. Il lui restait d'ailleurs une longue route à parcourir. Il n'avait pas encore passé par toutes les épreuves, qui lui apprendraient à se connaître. Il n'était, après tout, en ce temps-là qu'un grand garçon naïf dont l'exubérance généreuse s'était froissée de l'insolence du monde et de l'hostilité hargneuse du christianisme établi. Il allait à présent subir l'emprise de la femme, le trouble du cœur, l'angoisse du remords. Après, viendraient les cieux nouveaux et la terre nouvelle, avec la révélation inouïe des angoisses de la Mère de Dieu. Mais ses angoisses à lui ne devaient prendre fin qu'avec sa vie, en conformité à l'Homme de douleurs qui fut un ver plutôt qu'un homme.

VÉRONIQUE

L'année 1877 marque une date dans la vie de
Léon Bloy. Complètement dégoûté des manigances
journalistiques, il a rompu toutes relations avec
l' « Univers ». Nous le trouvons, à partir du 1er mai
de cette année, incorporé à l'administration des
chemins de fer, en qualité de dessinateur au bureau du
Contentieux et du Domaine, aux appointements
de 1800 francs par an. Sa vie matérielle paraît, cahin-
caha, assurée ; mais pour combien de temps ? La
littérature le sollicite plus que jamais, et l'apostolat.
Il continue de graviter littérairement dans l'orbite
de Barbey d'Aurevilly. Sans doute corrige-t-il encore
ses épreuves en compagnie de Georges Landry. Mais
ses idées deviennent de plus en plus hautes et dé-
tachées des contingences où se meuvent les autres
hommes. Il connaît Féval, Hello, Bourget et jusqu'à
Jean Richepin. Autant dire qu'il pénètre de plain-
pied dans la littérature moderne. Il entrait certes
dans les intentions divines qu'il connût ces milieux

interlopes où se prostitue la beauté humaine. Il envoie
même un jour à Bourget le récit de sa conversion.
C'était le 10 février 1877 ; la communication était
accompagnée de ce billet :

« Mon cher Bourget, il est 4 heures du matin. Je suis
seul et fort triste. La vie pèse cruellement sur moi. Il y a
dans l'intime fond de ma conscience les quatre éléments
combinés avec puissance du désespoir le plus complet :
du feu, du sang, du vent et de la fange. Il me faut les
combattre sans cesse et contre leurs redoutables débor-
dements chercher un refuge. En ce moment, je pense
à vous, mon ami, qui m'êtes si parfaitement sympa-
thique. Je vais donc pour me divertir de mes atroces
pensées vous raconter mon histoire. L'histoire de ma
conversion si vous le permettez. Je ne pourrai pas
tout vous dire ; mais vous avez assez d'âme pour
sentir la beauté morale sans qu'il soit nécessaire de la
dramatiser à l'aide de ces circonstances atténuantes
du sublime, qui font pleurer au théâtre les Vespasiens
attendris de la Gérontocratie moderne. »

Le futur psychologue du XIXe siècle ne comprit pas
pas grand' chose à l'aventure que lui contait Léon
Bloy. Comment aurait-il compris que l'aumône récla-
mée par Bloy était le don de son cœur et de son âme ?
La légende du mendiant ingrat commence très exactement à ce point du Temps. Elle n'est d'ailleurs
pas près de finir. Les âmes, comme dit un jour Bloy
lui-même, pendent décidément trop bas. Bourget

crut s'acquitter envers celui qui lui demandait son âme pour la passer à Dieu en lui offrant de recopier « Edel ».

Un mois plus tard, en septembre, Bloy faisait un premier séjour à la Trappe, au monastère de Soligny, dans l'Orne. Sa vieille idée de vocation religieuse continuait à le hanter. Et peut-être alla-t-il pleurer dans la solitude chrétienne son double deuil. C'est en 1877, en effet, qu'il perdit coup sur coup son père et sa mère. La mort de ces pauvres gens lui fut un crève-cœur. Le 14 décembre de l'année précédente, il avait écrit à Mme de N. :

« Vous savez sans doute, Madame, l'affreux état de mon père. Cette situation inexprimablement douloureuse a en moi un retentissement horrible. Le sentiment profond de ma parfaite impuissance est un tourment que je ne puis exprimer. Pauvres parents ! Quelle existence que la leur ! Mon Dieu, je me demande avec effroi quelles ont pu être leurs joies dans ce monde. Humainement je n'en vois pas. Je les ai toujours vus dans l'affliction, dans la misère, dans les tristesses et les craintes les plus horribles à notre sujet. Bref tout cela est d'autant plus désespérant qu'il s'avance un redoutable avenir chargé de la menace d'une catastrophe prochaine qui précipiterait la ruine totale et définitive du toit paternel. »

Les dernières années du ménage Bloy furent en effet peu fournies de joies. Jean Bloy, atteint de paralysie en 1876, demanda sa mise à la retraite. Entré dans l'administration des Ponts et Chaussées en 1834, il était devenu, le 1ᵉʳ juin 1875, conducteur de première classe, aux appointements de 2400 francs.

Le taux de sa retraite ne pouvait dépasser 800 frs. Le moyen de vivre avec une somme aussi modique ? La requête qu'il adressa à ce sujet à l'Administration révèle la décente misère du ménage. Jean Bloy avait 62 ans. Il vivait avec sa femme, âgée de 58 ans, paralysé des membres inférieurs depuis plus de quinze ans ; une sœur âgée de 67 ans, infirme (elle boitait depuis l'enfance) ; un fils de 20 ans, un autre de 16, d'une santé délicate. Quatre enfants établis au dehors ne pouvaient lui être d'aucun secours. Pas de domestique : c'est la sœur infirme qui assure les soins du ménage. Jean Bloy possédait, à la vérité, en commun avec sa sœur, une petite maison qui menaçait ruine cinq ans auparavant. Il ne réussit pas à la vendre. Force lui fut de la rebâtir ; il dut pour cela contracter des dettes. Il possédait aussi un bien d'environ deux hectares, qu'il exploitait avant sa paralysie. Ce domaine, remis aux mains du fils de vingt ans, Henri, ne donnait qu'un insignifiant revenu. Si la pension n'est que de 800 francs, c'est la misère. En conséquence, le soussigné demandait, pour sa femme, la faveur d'un bureau de tabac.

Dieu, et non l'Administration, se chargea d'arranger toutes choses. Il reprit les deux malheureux. De la mère il n'eut pas de peine à faire une sainte. Que fit-il du père ? Il est permis de penser que les prières de l'épouse et celles du fils toujours repoussé servirent de bain purifiant à la minute suprême au pauvre rigide honnête homme qui ne voulut qu'être honnête homme et qui gâcha au nom d'imbéciles principes sa vie et celle des autres.

On imagine aisément la douleur de Léon Bloy. Il nous l'a fait connaître lui-même par la première phrase du « Désespéré » : « Quand vous recevrez cette lettre, mon cher ami, j'aurai achevé de tuer mon père : le pauvre homme agonise et mourra, dit-on, avant le jour. » On a pris cela pour une manifestation romantique. Eh ! bien, non. Bloy était sincère en écrivant cette phrase. Il énonçait, en sa conscience droite, une vérité mystérieuse et terrible. Il avait été vraiment et doublement le bourreau de son père. Comment dire cela ? Par son obstination cruelle à obéir à son destin, il avait désobéi au pauvre homme, martyrisé ce cœur paternel qui rêvait pour lui d'une vie aux appointements assurés jusqu'à la pension de vieillesse, et attenté à cette majesté de chef de tribu que Jean Bloy considérait comme le soutien même de la civilisation. Lui, le plus intelligent de tous ses frères, il avait osé préférer l'aventure à l'ordre établi et introduire la poésie et l'art, c'est-à-dire le vagabondage, dans une famille vouée au fonctionnariat. Jean Bloy en était mort de honte et de découragement. Assassin de son père, comment l'artiste misérable ne se serait-il pas reproché le martyre de sa mère ? Cette femme des anciens jours n'avait-elle pas poussé l'héroïsme jusqu'à s'offrir en sacrifice pour récupérer l'âme de son enfant ? Comment celui-ci n'eût-il pas senti qu'il était responsable des quinze ans de douleur de sa mère?

Mais c'était surtout de l'âme de son père qu'il se sentait accablé ! Parvenu trop tard au lit de mort de ce père malgré tout aimé, il n'avait plus trouvé qu'un cadavre en train de se refroidir.

« Quand je songe, écrit-il dans une lettre du 28 juillet 1877, que j'étais à peu près le seul de ses enfants sur lequel le pauvre homme pouvait compter à l'heure de son agonie pour le soutenir de ses prières et de sa présence... »

La pensée de cet isolement suprême et de cette redoutable entrée dans l'éternité lui devint si insupportable qu'il songea à se faire trappiste, pour « une réparation complète, un sacrifice absolu et sans réserve ».

Ce n'était là qu'une illusion. Car l'amour charnel était entré dans son âme et dans son cœur. Et l'on pouvait prévoir qu'il entrerait bientôt dans sa vie.

« La Femme — lisons-nous dans cette espèce de biographie qu'est le « Désespéré » — n'apparut dans la vie de Marchenoir qu'à la fin de cette première période, c'est-à-dire, après la guerre et après cette décisive secousse d'âme qui l'avait subitement restitué au sentiment religieux dont il portait en lui, dès son premier jour, les prédéterminations ignorées.

Auparavant, il avait été chaste à la manière des prisonniers et des matelots, lesquels ne voient ordinairement dans l'amour qu'une désirable friction malpropre, en l'obscurité de coûteux repaires. Tantale stoïque d'un festin d'ordures, il s'était résigné, comme il avait pu, à la privation des inespérables immondices. D'un côté, le dénuement absolu, de l'autre, la timidité la plus incroyable chez un tel violent, le préservèrent plus efficacement que la religion même, quand elle intervint pour lui amollir le cœur... »

Par sa conversion, en effet, Léon Bloy s'était retourné tout d'une pièce. Pas une de ses fibres désormais qui ne vibrât pour Dieu. C'est pourquoi Louis Veuillot, que cet absolu de conversion dépassait et qui, malgré sa piété et sa foi très réelles, était un homme du monde, sacrifiant aux « convenances » et se pliant aux « nécessités », se scandalisa précisément d'une véhémence aussi intégrale et la rejeta dans les ténèbres extérieures. Vous êtes trop vibrant, dit-il à Bloy. C'est comme s'il lui avait reproché de s'être *trop* converti. Il est juste d'ajouter que personne ne comprit rien à cette conversion pure et simple qui porte cependant un nom dans la vie chrétienne : la folie de la croix. Que voilà donc une belle expression *littéraire!* Mais Bloy n'y voyait aucune littérature. Il avait accepté l'Évangile avec toutes ses conséquences. Il s'était, selon son expression, « rué sur Dieu comme sur une proie, aussitôt que Dieu s'était montré, — avec la rudimentaire spontanéité de l'instinct. » Mais alors il vit clair dans son âme ou plutôt dans son cœur ; et ce grand contempteur comprit qu'il était surtout un grand amoureux. « Du premier coup, sans avoir passé par le cloaque des intermédiaires impressions cupidiques, il se trouva prêt pour la grande tribulation passionnelle. Tout ce que la misère et les défiances d'un rétractile orgueil avaient, jusque-là, comprimé, fit explosion : l'ignorance, les niaises pudeurs, les crédulités jobardes, les lyriques éruptions, les attendrissements dangereux, le besoin subit de se fendre l'âme du haut en bas, au milieu même du hennissement sexuel, enfin, tout le déballage coquebin d'un chérubinisme attardé et grandiloque. » Et cela surtout, l'entourage du jeune homme ne l'avait pas compris. Il ne l'avait même pas soupçonné. Sous-

estimé, rejeté, méprisé, Léon Bloy se replia longtemps sur soi, et crut pouvoir ne vivre que de la vie
simplifiée des esprits Mais la tendresse même de sa
piété finit par démailloter son cœur Et il se trouva
prêt pour la tentation commune. La vie était si
forte en lui, malgré la misère, qu'elle réclama ses
droits et même un peu plus que ses droits. Le malheureux découvrit la Femme. « Il faut le redire, cet
adolescent ne ressemblait à aucun autre. Il était
né pour le désespoir, et le christianisme *dérangea*
sa vie, en le remplissant, — si tard ! — de l'afflictive
famine d'amour, surajoutée à l'autre famine. A
moins d'un miracle que Dieu ne fit pas, comment
cet ébloui de la Face du Seigneur, — Icare mystique
aux ailes fondantes, — aurait-il pu échapper au
vertige qui l'aspirait vers les argileuses créatures
conditionnées à cette Ressemblance ?... » Cependant
l'amour, chez lui, ne fut jamais séparé d'une immense
pitié. Pitié de lui-même, pitié de la pauvresse qui
s'inclinait vers lui. Dans une lettre à Boissin, du
16 mai 1886, il soulève un coin du voile. Ce Boissin
était journaliste, et Bloy, sur le point de publier le
« Désespéré », lui confie sa peine :

« Inutile, n'est-ce pas, d'expliquer mon *insuccès* à un
légionnaire du journalisme. Lorsqu'il s'est agi d'obéir
à cette enragée vocation d'*écrire*, qui est un véritable
anathème, quand il a fallu décidément s'élancer sur

l'océan boueux de la publicité parisienne, le choix me
fut naturellement offert d'être un maquereau ou un
artiste et je choisis de crever de faim. Une dizaine d'années de parfaite torture pour arriver à être séparé des
Wolff et des Mendès et pour obtenir un vierge renom
littéraire, il me semble que ce n'était pas payé trop
cher. Aujourd'hui les dix années sont à peu près révo-
lues. J'ai enduré, croyez-moi, tout ce qu'un homme
peut endurer. J'ai eu faim et soif et tout ce qui s'ensuit
pendant 40 saisons. J'ai vécu quatre mois enfermé, sans
ressources, avec une sœur très chère devenue folle
furieuse et dont j'étais forcé de cacher l'état, écrivant
sous la menace du feu et du couteau et de la famine
et du désespoir des articles à un sou la ligne ; j'ai disputé
aux carabins de l'amphithéâtre le cadavre déjà éventré
d'une pauvre fille qui m'avait aimé et que je n'avais
pu sauver de la sollicitude de M. Quentin. Enfin l'être
qui m'a été le plus précieux, ma fiancée devant le Seigneur, admirable et sainte créature, est morte du tétanos
dans mes bras, l'an dernier, tuée à la lettre de mes
souffrances. J'ai mendié *dans la rue*, pour des mourants
et pour des morts, après avoir donné tout ce que je
possédais ; j'ai avalé le mépris des mauvais riches et
des mauvais pauvres également indignés de ma détresse ; j'ai pleuré, j'ai crié, j'ai saigné devant toutes
les portes de l'enfer, mais Dieu sait que je n'ai pas
été un dépositaire infidèle et que, même au fond du
cœur, par une seule minute de lâche intention, je n'ai
jamais prostitué ma pensée. »

Le malheureux s'est donné chaque fois avec
le désir passionné d'étreindre l'amour et d'échapper
à son enfer de solitude et de silence. Il ne faisait rien
à demi. C'est pourquoi ses déceptions successives

creusaient toujours un peu plus le gouffre de son désespoir. Voit-on cet affamé de justice, de beauté, d'affection et d'amour se prendre à tous les espoirs, à tous les rêves, et toujours déçu, toujours dupé se redresser toujours ? Ah ! celui-là vraiment donna plus qu'il ne reçut. Mais la Providence qui voit ce que ne voit pas l'homme le laissa déchiqueter par toutes les machines à torturer l'humanité. Toutes les créatures lui étaient un obstacle ou une souffrance. Sans doute, relisant la vie des saints et les œuvres des Mystiques, il pouvait se dire aimé de Dieu. Mais de quel effroyable amour ! Cependant sa vie s'avançait. Les années succédaient aux années, n'amenant rien qu'un peu plus de solitude hostile, un peu plus de méprisant silence. Et l'homme sentait gronder en lui la passion créatrice.

Rappelons-nous l'entrée de Véronique dans la trame du « Désespéré ». « Véronique Cheminot, célèbre, naguère, au quartier latin sous le nom expressif de la *Ventouse*, était une splendide goujate que dix années, au moins, de prostitution sur vingt-cinq n'avaient pu flétrir. » Cette création de l'esprit exacerbé du poète fut d'abord une vraie et tangible créature de Dieu. Les grands artistes n'inventent rien ; ils transposent. C'est pourquoi ils restent, en dépit de ce que les pleutres appellent leurs outrances, dans la ligne même de l'humanité. Ils ajoutent ce qui manque à la création divine comme

les saints ce qui manque à la Rédemption du Fils.
L'Art entre ainsi grâce à eux dans le plan providentiel.

Véronique Cheminot s'appelait en réalité Anne-
Marie Roulet. Bloy écrit parfois : Roulé. Mais les
documents officiels disent : Roulet. La rencontre des
deux jeunes gens lieu en février ou mars 1877. On
devine ce qu'elle fut. La « machine à vanner les
hommes » emporta d'abord dans son tourbillon le
plus misérable d'entre eux. Je me suis attaché à
elle, dira plus tard Léon Bloy, « à cause de son
extrême singularité ». Était-elle jolie ? Dans une
lettre du 30 juillet 1878, il lui écrit :

« Tu me dis que tu es devenue jolie. Tant mieux,
ma bien-aimée, mais je ne te trouvais pas laide. On
trouve toujours assez belle la femme qu'on aime. Sais-
tu, méchante fille, que si j'étais jaloux, ce que tu me
dis des Messieurs qui te suivent pourrait me faire peur.
Heureusement que je n'ai pas cette maladie-là. Je mets
toute ma confiance en toi et je crois qu'elle est bien
placée. »

Depuis combien de temps Anne-Marie vivait-elle
à Paris quand elle rencontra Bloy ? Je n'ai pu le
savoir. Il est certain qu'elle habitait encore Rennes
en 1874, puisque sa mère mourut chez elle, rue de
l'Alma, le 15 décembre de cette année. Anne-Marie
avait eu une enfance pieuse et une jeunesse sans
doute édifiante. En 1864 ou 67, elle voulut même

entrer au couvent des Sœurs de Notre-Dame de Charité, à Tours. Ce projet eut un commencement d'exécution ; mais il n'aboutit pas, parce que la naissance(?) d'Anne-Marie lui interdit de devenir religieuse de chœur. Elle aurait pu être sœur converse ; mais sa santé délicate ne lui permettait pas les durs travaux. Et elle refusa de descendre au rang de sœur tourière. Elle regagna donc Rennes où on la trouve installée en 1867 chez une demoiselle Desfontaines, rue du Lycée, 15. Anne-Marie était couturière de son état. Elle gagnait, dit-elle, quatre à cinq francs par jour avec son aiguille. Comment vint-elle échouer dans la prostitution parisienne ? Quel coup de tête ou quelle séduction déracina la malheureuse jeune fille ? Orpheline, elle avait cependant une sorte de tutrice, une demoiselle Marie-Louise de Kermarec, de Rennes, qu'elle appelait sa bienfaitrice. Toujours est-il que c'est sur le pavé de Paris que Bloy fit sa rencontre. Bloy c'était pour elle la grâce de Dieu ; pas tout de suite cependant. Ce n'est en effet qu'après trois ou quatre mois de vie coupable que Bloy se sentit pressé de sauver cette âme. Un extraordinaire sentiment le liait à Anne-Marie. Il s'en ouvrait le 27 août 1880 à Madame Hello qui semble avoir été seule avec son mari et l'abbé de Moidrey à connaître le nouvel avatar de la vie de Léon Bloy. Il lui parlait de « l'inexplicable persistance de cette liaison que beaucoup de causes auraient dû naturellement dénouer très vite ». Il n'en avait soufflé mot à personne. Aucun de ses amis, pas même Georges Landry, pas même Barbey, ne soupçonna le drame étrange dans lequel il s'engageait de toute son âme éperdue. Il devait souffrir beaucoup d'une telle équivoque, à laquelle il fait maintes fois allusion dans le « Désespéré ». Mais une pudeur comme surnaturelle le retenait sur la pente des confidences indiscrètes. C'est comme s'il eût été averti qu'il deviendrait le Paphnuce d'une autre Thaïs. Il épaissit donc le silence autour de leurs deux personnes. Et quand il eut résolu de subvenir seul aux besoins de l'infortunée, sa situation devint tragique. Il n'en sortit, comme nous le verrons, que par un acte de sublime folie.

Anne-Marie devait être, comme Madeleine, la proie de plusieurs démons.

« L'appartement habité à cette époque par Anne-Marie, confiait Bloy à Madame Hello, était si sensiblement hanté par le démon que j'y mourais de terreur. Peut-être un goût dépravé du surnaturel me poussait-il à y retourner sans cesse. Je comprends très peu toute cette aventure déjà lointaine dont je m'efforce d'ailleurs d'éteindre l'abominable souvenir. »

La jeune fille habita rue de la Huchette, 13. Elle vécut aussi rue Mirbel, 2. En septembre 1878, elle logeait au 247 de la rue Saint-Jacques. Quand Bloy se fut mis en tête d'arracher son amie à l'existence qui la déshonorait, il se heurta d'abord à une résistance obstinée. Mais rien ne pouvait arrêter sa détermination une fois prise. Il pria, il se mortifia, il supplia, il pleura ; enfin il n'eut de cesse qu'il ne conduisît la jeune fille à Notre-Dame des Victoires. Il réveilla les sentiments de dévotion à la Madone de l'ancienne enfant de Marie, et obtint qu'elle s'inscrivît sur le registre de l'Archiconfrérie dite du Très Saint et Immaculé Cœur de Marie pour la conversion des pécheurs. Anne-Marie fut inscrite sous le numéro 997.631, le 27 juin 1877. Le diplôme est signé du directeur général, L. Chevojon, curé de Notre-Dame des Victoires, et du sous-directeur général, V. Dumax.

« Ce jour-là, écrit Bloy, le mode de vie changea complètement et pour toujours. »

Et il ajoute :

« Ce fut le premier prodige divin observé par moi. »

Il tenait en effet sa proie. La Vierge était de la partie ; la pécheresse ne pourrait pas résister à la « toute-puissance suppliante ». La conversion effective n'arriva cependant qu'en septembre de l'année suivante. Lorsque Bloy écrivait que le mode de vie changea complètement à dater de la visite à Notre-Dame des Victoires, il voulait dire, comme il l'explique lui-même,

« qu'Anne-Marie cessa d'être *subventionnée* par tout le monde pour l'être par (lui) seul, non sans péché. »

Le premier résultat atteint fut donc, selon l'expression même du « Désespéré », de retirer la pauvresse de la circulation. Comme tout se paie, dans dans l'ordre surnaturel aussi bien que dans l'ordre temporel, Bloy solda cette victoire d'un surcroît de misères quotidiennes. Mais il ne lésinait pas quand le service des âmes était en jeu. Il greva son maigre budget d'une dépense double et, sans regarder en arrière, s'engagea dans le redoutable avenir. Une vie extraordinaire commença alors pour lui. Un but nouveau fut assigné à son existence. Il s'était chargé d'une âme ; il prétendit la replacer lui-même dans le sein d'Abraham. Mais quoi, n'avait-il pas aidé d'abord cette sœur très chère à descendre plus avant dans le vice ? Allait-il continuer de pécher avec elle ? Un combat gigantesque se livra entre son esprit et sa chair. Il comprit qu'avant de sauver les autres, il devait commencer par s'amender lui-même, et que le plus sûr moyen de faire d'Anne-Marie un vase d'élection était de ne pas continuer à lui apparaître comme un calice d'ignominie. Les plus brûlantes exhortations n'ont pas de meilleur adjuvant que l'exemple. Car si l'exemple ne prouve pas toujours, on est forcé de convenir qu'il entraîne. La foi sans les œuvres est morte. Les œuvres c'est l'exemple. Bloy dut sentir au moins la force de ces réflexions. Seulement ce qu'on appelle la faiblesse de la chair est une puissance terrible. Elle terrasse ceux qui se croyaient les plus fermes, parce qu'elle enfume leurs esprits, débilite leur cœur et casse leurs nerfs. Ainsi la victoire sur Anne-Marie devait être d'abord une victoire sur lui-même. Bloy lutta pendant nombre de jours ; et l'on peut croire que la bataille ne fut pas petite. Au fond, il aimait d'amour Anne-Marie, bien qu'il ne s'en rendît pas clairement compte. C'est que cet amour se dissimulait derrière un paravent de prosélytisme. Il obéit enfin à la *grâce* et s'engouffra dans un confessionnal. Un dimanche matin du début de juillet 1877, il pouvait mander à son amie :

« Je viens de me confesser, Dieu merci ! Cela m'a coûté, mais enfin j'ai eu le bonheur de recevoir l'absolution et je ne souffre plus. »

Comment Anne-Marie accueillit-elle la conversion du jeune homme ? Elle n'y vit d'abord qu'une séparation brutale, effective, sans rémission. Elle comprit tout de suite qu'il était perdu pour elle et, amoureuse comme la Véronique qu'elle devait incarner, elle se défendit par ses larmes. Bloy lui répondit autant pour se donner du cœur que pour lui faire prendre courage. Et un poignant et insolite duo d'amour s'éleva dans les tristes rues de ce vieux Paris accoutumées pourtant depuis des siècles à la détresse humaine. Écoutez cette plainte où se révèle un Bloy dont beaucoup ne soupçonnaient pas l'existence :

« Ma chère enfant, je t'en supplie, aie du courage. Tu m'as extrêmement affligé ce matin (7 juillet) quand je t'ai vue pleurer. S'il suffisait de souffrir pour que tu devinsses heureuse et sage, je m'offrirais de bon cœur à la souffrance par amour pour toi. Crois-tu donc que je suis heureux et que le sacrifice que je te demande ne me coûte pas autant qu'à toi ?

Ah ! ma pauvre chérie, si tu savais ce que je souffre, tu aurais grande pitié de moi. Tu pleurerais de compassion pour ton pauvre ami qui veut te sauver et qui est disposé à s'imposer pour cela tous les sacrifices. Pourquoi donc ne serais-tu pas courageuse, pourquoi ne prendrais-tu pas une énergique résolution ? Tu me disais ce matin que tu voyais la chose impossible. Mais, ma pauvre chérie, la chose n'est nullement impossible, elle n'est que difficile. Avec du courage, tu en viendrais à bout. Si tu te décourages, pauvre petite, que deviendras-tu ?

Est-ce que tu aurais le cœur, maintenant, de revenir sur tes pas, de recommencer ton ancienne vie ? Tu me désespérerais. Puisque tu me dis que tu m'aimes, eh ! bien, par amour pour moi, fais ce que je te dis. Je t'en supplie au nom de ce que tu peux avoir de plus sacré. Pense à la bonne Vierge qui te chérit et qui t'appelle comme une pauvre brebis égarée, pense aussi à ta mère qui se réjouit en ce moment de tes bonnes résolutions. Ce qu'il faut faire est-il donc si difficile ? On ne te défend pas de me revoir. Je te reverrai souvent, tous les jours même si tu en as besoin. Aie confiance en moi et aie un peu pitié de moi qui suis si malheureux et qui ai tant besoin d'être secouru et consolé. Tout ce qu'on exige de nous, c'est de ne pas nous voir chez toi. Obéissons de bon cœur, quoi qu'il puisse nous en coûter. La Sainte Vierge nous récompensera.

Ma bien-aimée, je t'assure que cette Mère ne t'abandonnera pas et qu'elle t'accordera la paix et le courage si tu les lui demandes du fond du cœur. Ce soir, en sortant de mon bureau, j'irai à Notre-Dame des Victoires et je la prierai de t'envoyer son assistance. Je lui offrirai pour toi mes larmes, mon cœur, mon bonheur et même ma vie, si elle veut la prendre. J'ai une belle carrière qui m'attend dans le monde. J'en fais volontiers le sacrifice pour que tu sois sauvée, pour que tu ne retombes pas dans le mal d'où j'ai voulu te tirer. Si Dieu m'appelle à la vie du cloître, j'irai de tout mon cœur avec l'espérance de te soutenir de loin par mes prières. Je pleure en t'écrivant cela, ma pauvre petite fille. Que veux-tu que je fasse, que veux-tu que je devienne si tu ne m'aides pas ? Allons, je t'en supplie, encore une fois, prends du courage dans la prière, demandes-en et il t'en sera accordé plus que tu ne penses et de la joie par surcroît.

A demain matin, ma bien aimée. S'il pleut, je ne t'attendrai pas sur un banc, mais sous une porte cochère du Boulevard St-Germain, de 8 heures et demie à 9 heures. Je te verrai passer.

Ton malheureux ami, Léon Bloy. »

Anne-Marie fut remuée par cet appel suppliant où se décèle un amour câlin et si humble. Mais la passion l'emporta une fois encore, et le malheureux homme dut prendre alors une résolution surhumaine. Il l'annonce en ces termes, le 21 juillet :

« Nous ne pouvons plus nous voir que pour aller à l'église, et je sens qu'il le faut. Je voudrais te sauver, ma chère petite, je le désire de toutes mes forces et tu sais que je suis homme à ne reculer devant aucun sacrifice pour y arriver. Mais en même temps je ne voudrais pas me perdre, et c'est ce que je fais pourtant quand il m'arrive de tomber avec toi comme avant-hier. »

Voilà qui est décisif. Cependant cette résolution ne menait à rien, puisqu'elle laissait l'amour intact. Bien plus elle l'attisait cruellement et dangereusement. C'est alors que les deux infortunés songèrent au mariage. Anne-Marie écrivit à sa « bienfaitrice », Mlle de Kermarec, pour lui faire part de ses projets et prendre son avis. Elle lui annonçait en même temps qu'elle recevrait bientôt une lettre de Léon Bloy. Mlle de Kermarec répondit assez sèchement, le 13 décembre, qu'elle ne voulait pas s'occuper de ce mariage et que Léon Bloy ne prît pas la peine de lui écrire ; elle ne répondrait pas à sa lettre. Léon Bloy s'adressa alors à un prêtre dont il avait fait naguère la connaissance, l'abbé Tardif de Moidrey. Celui-ci écrivit, le 3 janvier 1878, à la peu accommodante bretonne une lettre où éclate la haute estime dans laquelle il tenait déjà son futur compagnon de pèlerinage. De son côté, malgré la perspective nullement engageante d'un systématique silence, Bloy y alla de sa missive ; cependant qu'Anne-Marie remerciait sa « bienfaitrice » de lui avoir envoyé un mot de réponse. Il semble cependant que tout ait été inutile. Ce mariage ne rentrait pas dans le plan divin. Les pourparlers n'eurent donc pas de suite. Et la vie reprit plus difficile que jamais.

« J'avais, écrivait le 4 juillet 1878 Bloy à un ami, un emploi de 150 francs par mois dans une administration publique. Je connus des souffrances sans nom.

Obligé de faire face aux nécessités d'une double existence, chez moi et chez elle, contraint de dissimuler cet état de choses à des amis qui eussent défavorablement interprété cette aventure, mes ressources misérables devinrent bientôt insuffisantes, et j'entrai dans l'inexorable gouffre des petites dettes. J'essayai en vain d'augmenter mon revenu par le moyen du journalisme. Le journalisme me vomissait de toutes parts pour mon catholicisme et pour l'inflexibilité de ma conscience d'écrivain... Enfin, le moment arriva où écrasé de dettes, traqué de toutes parts, à bout d'expédients, la place ne fut plus tenable. »

Il avait payé les dettes de son amie. Celle-ci, de son côté, se remit à son ancien métier de couturière. Quels étaient donc les mystérieux desseins de Dieu ? A peine la pauvre fille eut-elle repris l'aiguille et les ciseaux qu'un mal singulier lui enleva l'usage de ses yeux. Sa vue baissa au point que tout travail lui devint impossible. Il fallut se résigner aux expédients, prodromes de la misère.

Bloy fit alors un coup de tête qui témoigne de son désarroi et de la colère désespérée qu'amassait en lui une inlassable infortune. Il est juste cependant d'ajouter qu'une espérance nouvelle lui était venue sous les espèces d'un M. de Puyjalon. On observera le retour de ce rythme toujours le même dans la vie du grand écrivain : chaque fois qu'il semble sur le point de toucher au bord du gouffre et d'y disparaître, une incarnation toute fraîche de l'éternelle espérance surgit devant ses pas comme pour lui dire : Confiance. Ce n'est qu'un mirage, car rien ne lui doit réussir. Mais le malheureux s'est relevé une fois encore et a transporté un peu plus loin le fardeau de sa croix. Ainsi ce désespéré ne vécut jamais que de la viande creuse des fallacieux espoirs.

Comment ce Puyjalon entra-t-il dans sa vie ? Ce n'est pas ici le lieu de le rechercher. Retenons seulement qu'il fit briller aux yeux toujours facilement éblouis de Léon Bloy la perspective d'un établissement au Canada. Un grand journal catholique devait se fonder à Québec. Puyjalon en serait le dieu et Bloy le tonitruant prophète. Peut-être Puyjalon était-il sincère. En tous cas, Bloy prit sa parole pour argent comptant et, dans son imagination fiévreuse, se voyait déjà délivré de tous matériels soucis. C'est plein de ce furieux espoir que, pris entre les deux feux de la misère et de son inquiétude pour Anne-Marie, il résolut de jouer son va-tout et d'aller attendre à la Trappe le résultat pour lui certain des démarches journalistiques de Puyjalon. Arrivé à ce moment de sa vie spirituelle, et grevé d'une charge d'âme, il éprouva le besoin de se replonger dans l'atmosphère roborative du cloître. Mais comment obtenir de l'administration des Chemins de fer un congé suffisant pour exécuter cet important projet ? Bloy trouva qu'il était plus simple de démissionner. Sa lettre de démission du 3 juin 1878, adressée à M. Ronseray, trahit les préoccupations et les mouvements désordonnés de son âme :

« Monsieur, j'ai l'honneur de vous apprendre que je suis contraint par des circonstances d'une nature peu ordinaire de vous envoyer ma démission. Les causes qui ont précipité mon départ étaient assez pressantes pour m'interdire même les plus banales formalités de la simple politesse. Je n'ai pu en avertir personne, et mes plus chers amis en recevront la nouvelle en même temps que vous. Je vous prie, Monsieur, de me pardonner l'extrême irrégularité de ce procédé. Il n'a pas dépendu de moi de faire autrement que je n'ai fait. Je me suis trouvé en proie à ce que nulle force humaine ne peut surmonter ni prévoir, c'est-à-dire *le cas de force majeure*. Soyez assez bienveillant pour communiquer cette singulière lettre à mes chefs immédiats, MM. Ramon et Paillard, qui voudront bien m'excuser et me pardonner. Depuis dix-huit mois, je n'ai reçu de vous et de ces messieurs que des marques de la plus exquise bienveillance. J'ose espérer que cette bienveillance ne me manquera pas aujourd'hui que j'en ai le plus grand besoin, puisque je viens de faire une chose qui peut paraître inexcusable aux yeux des personnes les moins disposées à me juger avec rigueur. Veuillez agréer, etc... »

Désormais libre de ses mouvements et riche de ses seuls espoirs, il s'enfuit à la Trappe de Soligny sans même en aviser Anne-Marie. Il lui laissa seulement une petite somme d'argent pour parer aux plus pressants besoins. Ce n'est qu'arrivé au monastère qu'il écrivit à la pauvre fille, en même temps qu'à l'administration des Chemins de fer et à Georges

Landry. Bloy se déclarait résolu, en cas d'échec de Puyjalon, à ne pas revenir de la Trappe. Cependant Anne-Marie se trouvait dans l'obligation de déménager. Bloy se ronge d'inquiétude. Les jours s'écoulent ; et Puyjalon ne donne pas signe de vie. Il conseille alors à Anne-Marie de recourir aux grands moyens :

« *Si tu m'aimes, fais ce que je vais te dire.* Je ne peux retourner à Paris que si je suis appelé par le monsieur dont je t'ai parlé qui doit m'emmener en Amérique. C'est à dire que tu me reverras avec pas mal d'argent. Eh bien, crois-moi, vends mes effets, tu en retireras au moins une dizaine de francs qui te permettront d'attendre une semaine de plus... Je ne suis pas trop malheureux ici. Ces bons pères veulent bien me donner asile tout le temps qui sera nécessaire. »

Cependant Anne-Marie lui reproche affectueusement son coup de tête. Elle regardait cette démission comme une grande faute, capable de fausser irrémédiablement l'avenir. Mais Bloy lui répond :

« Si je ne l'avais pas donnée je n'aurais pas pu m'absenter de Paris pendant un mois comme je viens de le faire, je n'aurais pas pu faire cette bonne retraite qui nous sauvera peut-être tous les deux. »

Ainsi Bloy se plaçait toujours au point de vue strictement surnaturel. La foi était son guide imperturbable. De sorte que quand il paraissait tenter Dieu il ne faisait que s'en remettre aveuglément à lui. Cependant Puyjalon demeurait invisible et muet. Bloy s'épuisait à le supplier de donner au moins signe de vie. Où en était l'affaire du journal canadien ? Le mois de juin passa, puis le mois de juillet. Une immense terreur envahissait progressivement l'abandonné.

« Je ne peux pourtant pas m'éterniser à la Trappe, »

gémissait-il. D'autant plus que l'éloignement où il était d'Anne-Marie sortait de l'ombre ce tragique amour auquel il s'était efforcé de ne pas croire et qu'il découvrait maintenant comme une effroyable évidence. Il se sentait amoureux à un point qu'il n'aurait jamais admis autrefois. Du coup le séjour de la Trappe lui devenait odieux et insupportable. Il l'avouait mélancoliquement, le 12 juillet :

« Plus j'y reste et moins je me sens d'attrait pour la vie religieuse. Et d'ailleurs, ma chérie, je suis tellement amoureux de toi que je ne peux plus renoncer au monde. »

Mais alors, que faire ? Avec la meilleure volonté du monde, il devenait impossible d'encore ajouter foi aux promesses américaines. Elles rentraient dans le domaine de la chimère d'où elles n'eussent d'ailleurs jamais dû sortir. Bloy se voyait joué une fois de plus. Il allait falloir coûte que coûte réintégrer le monde. Mais le moyen désormais d'y subsister, et d'y subsister à deux ? Certes ses amis, émus d'une détresse dont les causes pourtant leur étaient incompréhensibles, avaient payé ses dettes. Mais lui, en ce moment, épuisait à la Trappe ses toutes dernières ressources et il ne lui restait pas même de quoi payer le voyage de retour. Dans son total dénuement, le malheureux homme s'ouvrit une suprême fois à son confesseur, le père Roger, lequel acheva de déchirer pour lui le voile. Qu'on se rappelle le passage du « Désespéré » où Caïn Marchenoir pose au père Athanase la fameuse question : « Ne pensez-vous pas que cette retraite imprévue est, peut-être, un coup de la Providence qui voulait, dès longtemps, me conduire et me fixer dans le Havre-de-Grâce de votre maison ? »

Le père lui répond par un discours de deux pages dont il résume lui-même le sens en cette expression ramassée : « Vous avez quarante ans et vous êtes « amoureux ». La scène a été réellement vécue le 26 juillet 1878 et Bloy en contait le détail le lendemain à son amie :

« Hier soir, j'ai vu le P. Roger qui m'a parlé très sérieusement de ma situation. Il m'a dit : J'ai toujours désiré que vous vous déterminassiez à rester pour votre vie à la Trappe. Tel que je vous connais, c'est encore le plus sûr moyen de faire votre salut...

Cependant, je ne veux pas vous retenir. Je vois très bien que votre cœur vous entraîne d'un autre côté. Vous êtes amoureux, mon pauvre enfant, cela se voit dans tout ce que vous dites et j'en suis très effrayé pour vous, car je ne sais pas comment vous pourrez ne pas retomber dans le mal aussitôt que vous serez rapproché de cette personne. Il y aurait bien un remède à tout. Ce serait le mariage. Je ne vous le conseille pas, mais cependant cela vaudrait mieux que de vivre dans une perpétuelle occasion de péché mortel, puisque vous aimez cette personne de tout votre cœur et qu'il vous est impossible de vous en séparer. »

Bloy s'est souvenu de cette lettre quand il composa la réponse du père Athanase. Cependant l'heure lui semblait venue de quitter la Trappe. Tout espoir en Puyjalon était perdu. La solitude et le genre de vie des solitaires lui pesaient atrocement :

« Il me tarde bien d'être auprès de toi, écrivait-il à Anne-Marie, le 23 juillet, pour que tu me fasses du café. Depuis mon départ, j'en suis privé. Il ne faut pas te figurer que c'est parce que je manque d'argent. J'aurais un million dans ma poche que je serais tout de même obligé de m'en passer ainsi que de vin et de viande. Je t'avoue que la nourriture de la Trappe commence à rudement me dégoûter. »

Cependant, ses amis restés à Paris et ignorants de sa situation anormale, ne pouvaient s'expliquer son coup de tête. Ils en voulaient même à Barbey d'Aurevilly de lui avoir donné les moyens de fuir.

« Si vous saviez combien je suis malheureux, mandait Bloy à Landry, vous auriez tous pitié de moi et vous m'écririez. Vous m'écririez autre chose que des récriminations ou des reproches. Il y a quelque chose dans ma vie que vous ne pouvez savoir. Eh bien ! dans l'ignorance, il ne faut pas juger. Vous pourriez vous exposer à *une injustice énorme.* »

Il était vraiment seul entre le ciel et la terre. Rejeté, méprisé ou méconnu, il ne pouvait s'apparier à personne. Ni le monde béni de Dieu ni le monde maudit de Dieu ne voulait de son âme ou de sa collaboration. Enfin sa position tournait au scandale.

« Ne crois pas, écrit-il encore à Landry, que la vie religieuse soit si éloignée de mon âme ! J'ai des soubresauts de poulain sauvage, mais dans la partie élevée je suis plus calme. Je juge le monde, et saint Antoine, le plus grand de ceux qui l'ont foulé sous leurs pieds, ne l'a pas plus méprisé que moi. Seulement le plus parfait détachement métaphysique peut fort bien se combiner avec l'esclavage du cœur, et voilà pourquoi il y a les saints Antoines du dandysme et les anachorètes de la littérature impopulaire. Me sera-t-il donné de devenir un anachorète de Dieu seul ? Peut-être, justement, comme tu l'as fort bien dit, parce que je suis un enthousiaste, un irrégulier et un homme littéraire. Je suis venu ici me mettre entre les mains de Dieu. S'il veut que je sois tout à lui, je le veux bien, mais je lui demande sans présomption de me faire savoir avec certitude qu'il le veut en effet. »

Dieu ne le voulait pas. Ainsi Bloy fut « chassé » du cloître comme il était chassé du monde. N'est-il pas permis de voir en lui une sorte de Caïn, coupable du sang des imbéciles, des médiocres et des lâches, et que Dieu marque d'un signe, « afin que quiconque le trouverait ne le tuât point » ? Car Bloy devait passer à travers la haine, le mépris, le mensonge, et n'en point mourir. Personne n'ayant le droit de porter sur lui la main, il fut en exécration à beaucoup, et ne cessa pourtant de subsister du secours mystérieux que lui valait le signe. Quand il se nomma lui-même, personne ne comprit l'allusion du « mendiant ingrat » parce que les yeux n'étaient pas ouverts. Le scandale ne finira qu'au jour marqué par Dieu.

L'homme quitta donc la Trappe comme il y était entré : à l'aide d'une aumône. La providence du moment lui fut un vieil ami de son père (Frenet ?) à qui il avait adressé une lettre éplorée. La vie d'expédients reprit dès le premier contact avec la grande ville. En voici le témoignage :

« Nous étions absolument sans ressources, de plus j'étais forcé de tout cacher à mes amis. Je ne pus trouver aucune sorte d'emploi. En un mot il était tout à fait impossible selon les vues humaines de ne pas être tué par la misère. Eh bien ! nous avons été soutenus *miraculeusement*. Il m'est toujours venu pendant deux ans, par des voies inattendues et toujours à la suite de prières, des secours faibles sans doute, mais suffisants pour prolonger ce genre de vie à deux, ignoré de tout le monde, *inapprouvable* selon les vues ordinaires de la prudence chrétienne et néanmoins si manifestement voulu par Dieu. Mais je dois insister sur ce point que les secours arrivaient de façon à ne pas gêner le moins du monde le travail de purification ou d'expiation que Dieu voulait opérer en moi par la douleur, c'est-à-dire qu'ils ne perdirent jamais leur physionomie précaire et incertaine. » *(Lettre à M*^{me} *Hello, 27 août 1880).*

Cependant Bloy s'inquiétait avant tout de ses rapports avec Anne-Marie. Il lui tardait de voir son amie entrer avec courage dans la voie de la résignation parfaite. Il la mena dans ce but, en septembre 1878, à la chapelle du Sacré-Cœur de Montmartre : « Ce fut là, paraît-il, son chemin de Damas, car l'amour de Dieu fondit sur elle comme la foudre. » Un changement radical s'opéra aussitôt dans l'âme de la jeune fille. La petite couturière, la petite prostituée disparurent pour céder la place à une mystique douloureuse, à la singulière Véronique, dont le roman pourra bien transposer l'aventure mais non diminuer le rôle. Cette passiflore, née de la miséricorde du Christ et des larmes de Bloy, allait en effet rendre au centuple à son père en esprit ce qu'elle avait reçu de lui. Elle devint une suppliante passionnée du ciel. Elle passa désormais dix à quinze heures de ses jours à prier pour le misérable qui l'avait enfantée à la vie éternelle. Elle entreprit de faire violence à Dieu, de l'amener à composer avec ses desseins inscrutables. Elle s'offrit même en sacrifice de propitiation pour que la vie de Bloy devînt moins inclémente. Plus elle semblait se heurter à un mur d'airain, plus s'exaspérait son furieux désir de justice « en ce monde » et de miséricordieuse dilection. Elle savait qu'elle ne pouvait compter sur aucun secours terrestre. Bloy lui-même s'était farouchement opposé à ce qu'elle reprît son ancien métier de couturière. Il ne faut, lui disait-il, avoir confiance qu'en Dieu seul. Cependant, lorsque la misère fut devenue trop atroce, il fallut bien condescendre au secours manuel. Alors, comme il a été rapporté ci-dessus,

« se produisit un fait d'une très claire signification. Anne-Marie a des yeux excellents. Eh bien, sa vue s'obscurcissait subitement au milieu de son travail et la forçait d'y renoncer. Elle a vu là, et me le disait en pleurant, un signe certain que Dieu lui-même s'y opposait. »

La pécheresse s'adonna donc à la seule vie spirituelle. Et leur misère à tous deux devint sublime.

Bloy fit de vains efforts pour en sortir. On le voit confier sa peine au P. Roger, le bon trappiste qui l'avait fraternellement détourné du cloître. Il lui avoue son impossibilité de s'adapter, donc de vivre :

« Je scandalise tous ceux qui m'approchent. On ne comprend pas qu'avec ce qu'on veut bien appeler mes talents, je ne puisse pas gagner mon pain et qu'avec ma foi je sois incapable de me résigner. J'avoue que je ne le comprends pas moi-même... La seule pensée que je dois passer par la porte commune et cheminer dans les voies vulgaires me désespère jusqu'à me faire crier de douleur. Qu'est-ce que Dieu veut de moi ? *Domine, quid me vis facere?* Saint Paul le demandait à Jésus, et je le lui demande à mon tour. Je le lui demande comme je peux, avec mon orgueil, puisque j'ai de l'orgueil, avec le sentiment profond de mon impuissance, puisque malgré mon orgueil je me sens impuissant, avec toute ma foi, toutes mes misères épouvantables, toutes mes tortures morales, avec toutes les voix lamentables qui sont en moi. Mais enfin je le lui demande et je le lui demande sans cesse. Quelle vie, mon Dieu ! Comment pourrais-je vous dire ce que je souffre et combien je souffre ? Pourquoi cette effrayante complication ? Pourquoi cette guerre de toutes les facultés de mon esprit contre toutes les facultés de mon cœur ? Pourquoi mon âme n'est-elle pas simple comme tant d'autres âmes que j'ai rencontrées dans ma vie et qui coulaient comme une nappe tranquille au soleil de Dieu ? Je porte en moi des ambitions avides et dévorantes, des *Tantalides* de domination et de bonheur, que je ne puis assouvir en aucune façon et qui me déchirent avec rage. » *(Lettre du 23 octobre 1878).*

Le P. Roger essaya d'intéresser des amis au sort de son ex-pénitent.

« Vous me parlez, lui dit celui-ci dans la lettre citée plus haut, d'un personnage par le moyen duquel vous espéreriez me faire trouver un emploi quelconque. Vous vous demandez si je serais disposé à accepter une place vacante au *Français*. Sans doute que je l'accepterais. Un âne affamé ne refusa jamais une botte de foin. Seulement pourrais-je y rester ? Évidemment une place dans un journal quelconque ne pourrait être pour moi qu'une place de rédacteur, je ne vois pas quelle autre place j'y pourrais prendre. Eh bien ! supposé que cette place existât au *Français*, ce qui est peu probable, et qu'on voulût bien me la laisser prendre, malgré mon titre d'ancien rédacteur de l'*Univers*, il me resterait encore à m'arranger avec les doctrines de ce journal qui, vous le savez, sont les doctrines de Mgr Dupanloup et de toute la séquelle gallicano-libérale ; et, en vérité, je me demande comment je pourrais faire. Vous me reprochez non sans raison de manquer de souplesse. Soit, mais remarquez bien qu'ici, il ne s'agit plus de moi, il s'agit de la doctrine. Je suis profondément convaincu que le libéralisme religieux ou politique est précisément tout ce qu'on peut imaginer de plus funeste au principe d'obéissance, c'est-à-dire au principe même de la Foi. *Pie IX* a dit un jour *que les catholiques libéraux étaient des hommes plus dangereux que les communards eux-mêmes*. Le mot est terrible, et je le crois juste. Il est donc bien difficile de supposer que je réussirais dans un tel milieu. Après tout, il serait peut-être possible de m'y confier une spécialité, une sorte de terrain neutre tel que la critique littéraire. Mais il n'y a pas de terrain neutre pour moi. Je suis tellement possédé par mes idées de théocratie et de politique absolue que je ne saurais m'empêcher à tout instant et à tout propos d'en faire profession avec éclat. Encore une fois, mon Père, le journalisme ne m'est pas possible, la preuve en est faite et elle surabonde. Il me faudrait ce que j'ai vainement cherché, un directeur d'un journal quelconque qui, voyant en moi un monstre, eût l'idée de m'exhiber comme un spécimen curieux de tératologie littéraire et catholique. Alors il me serait donné de m'épanouir en liberté comme une truffe miraculeuse. Autrement c'est bien certainement impossible. Pour entreprendre une chose avec chance de succès, il faut d'abord ne pas la mépriser et je méprise le journalisme à un point tel que je compte en grande partie sur ce mépris pour faire mon

salut. Pour réussir dans cette charmante industrie
que vous connaissez bien peu puisqu'elle ne vous fait
pas horreur je n'ai pas une seule des qualités de souplesse, d'agilité, de palinodie, *de plat langage* et d'abjecte résignation qu'il faudrait avoir et j'en ai au contraire qu'il faut absolument n'avoir pas. Je vibre à
l'enthousiasme et à l'indignation, je *parle une langue
à moi* et pour ce qui est de la vie morale je ne reçois de
consigne que du Pape. Je vous dis tout cela, mon Père,
pour répondre à votre lettre et parce que je ne dois pas
souffrir que vous vous engagiez dans des démarches
qui épuiseraient votre crédit sans m'être profitables,
si elles ne devaient avoir *d'autre objet* que de m'introduire à la rédaction du *Français*. »

L'affaire en resta là. Mais, comme il fallait manger,
Bloy se raccroche à d'autres espoirs. Il évoquera
plus tard, dans son « Journal », ces courses infinies
à la place introuvable, avec les refus essuyés et les
congédiements sans merci. Écoutez-le postuler un
emploi de garçon de bureau :

« Monsieur, vous m'apprenez qu'il pourrait se rencontrer des difficultés pour mon admission au petit
emploi que vous m'aviez fait espérer. Cela me cause un
véritable chagrin. Je croyais déjà tenir cet emploi
et je me félicitais extrêmement d'entrer dans cette
administration dont vous êtes un des chefs et qui est
appelée, m'a-t-on dit, à un très grand avenir. Si tout
espoir n'est pas encore perdu, je vous prie de ne pas
m'abandonner et de m'appuyer de toutes vos forces.
Vous me connaissez assez pour savoir qu'il est possible
de compter sur moi et qu'après tout, en me choisissant,
on ne ferait pas le pire choix du monde. Vous ne pouvez

avoir oublié que j'ai quitté le chemin de fer du Nord en qualité de démissionnaire et me croyant assuré d'un poste avantageux à Québec ; combinaison qui a été presque aussitôt renversée et anéantie par les dernières perturbations parlementaires du Canada. Depuis, j'ai fort péniblement et même fort misérablement vécu à Paris à la recherche d'une position quelconque et presque sans ressources. Je me suis donc empressé d'accepter ce que vous m'offriez. Quant aux objections tirées de l'*infériorité spéciale* de ce genre d'emploi, je vous assure qu'elles n'existent nullement pour moi. Je ne crois pas, Dieu merci, être la dupe de ce faux orgueil qui consiste à rejeter un honorable moyen d'existence sous le prétexte qu'il est un peu au-dessous de ce qu'on est en droit d'espérer. Non, Monsieur, je suis fort éloigné de cette manière de sentir. Je suis pauvre et j'ai besoin de pain. Voilà tout. Par conséquent, je suis disposé à en gagner par tous les moyens que la plus stricte moralité ne réprouve pas. En acceptant une place de *garçon de bureau*, je crois ne rien faire de déshonorant ni même d'amoindrissant pour un homme de cœur et je ferai de bonne grâce tout ce qu'on jugera convenable d'exiger de moi. La soumission et la plus entière déférence seront pour moi de véritables points d'honneur dont je ne saurais me départir sans me condamner moi-même. Plus tard, quand votre société aura pris de l'accroissement, il deviendra peut-être possible de m'utiliser d'une autre manière. En attendant, ne craignez de moi ni révolte ni découragement ; tout me semble préférable à une prolongation de mon état actuel. »

Faut-il dire que cela non plus n'eut pas de suite ? Bloy ne fut même pas garçon de bureau. Cependant la vie nouvelle d'Anne-Marie lui causait une impression bouleversante. Comme il avait tiré la pécheresse de son péché, voici que la pénitente l'arrachait à son tour aux mesquineries du combat terrestre pour le précipiter en plein zèle de la gloire de Dieu. Recru de douleurs, excédé d'insuccès, la tête rompue par la cruauté du présent et l'effroi de l'avenir, il en vint, comme sa compagne très chère, à se scandaliser des lenteurs de la procédure divine. Le Règne de Dieu n'arrivait pas vite. Les signes pourtant se multipliaient. Anne-Marie, éclairée d'invisibles lueurs, les précisait avec une étrange insistance. Elle parut bientôt douée d'un don de seconde vue qui jeta Bloy dans des perplexités terribles. Il fit avec elle, durant le Carême de 1879, quatre pèlerinages à Antony, où se trouve un sanctuaire privilégié dédié à saint Joseph. On se souvient que, dans le « Désespéré », il donne à son Caïn Marchenoir le deuxième prénom de Joseph. L'idée de ce pèlerinage était venue d'Anne-Marie. La première visite au sanctuaire eut lieu le 10 mars. Et, mande Bloy à Hello, depuis,

« Je suis à peu près fou. Je ne retrouve plus mes idées à la même place et je me vois emporté dans le courant de *vos désirs* avec une violence telle qu'il m'est devenu tout à fait impossible de penser à autre chose. J'ai une faim et une soif si furieuses de la gloire de Dieu sur la terre que je compte les jours comme un insensé ! Pourquoi cela ? Si je pouvais écrire des cris, j'exprimerais peut-être une partie de ce que j'éprouve en ce moment. Tout ce qui n'est pas cette revanche

de la justice divine ou du moins l'espoir de cette
revanche très prochaine m'exaspère jusqu'au délire.
En même temps je vois le monde aller toujours du
même train, et aucun signe n'apparaît. Je me traîne
aux pieds de tous les saints pour leur demander du
secours, pour les supplier au nom de Jésus crucifié
de me délivrer si je suis en proie à l'illusion. C'est à
peine si je peux formuler quelque prière ; un grand
accablement physique s'empare bientôt de moi et je
dors. Voilà toute ma vie. » *(Lettre du mercredi-saint,
1880)*.

Le malheureux avoue que la jeune femme est la
cause de cet état d'âme :

« Depuis ce pèlerinage, elle m'a dit tant de choses
inintelligibles pour la plupart que je ne sais comment
vous les redire. Je veux essayer cependant. D'abord
saint Joseph l'*accroissant*. Il paraît que l'avenir que
nous attendons est entre les mains de saint Joseph.
A ce sujet, cette fille qui est un prodige d'ignorance
et de simplicité m'a donné l'explication la plus étran-
gement obscure de cette partie de la bénédiction de
Jacob qui regarde Joseph. Elle part de ceci que les
noms d'Abraham, d'Isaac et de Jacob correspondent
aux trois règnes divins du Père, du Fils et du Saint-
Esprit. Elle affirme qu'il est impossible de comprendre
un mot de l'Écriture si le nom du Saint-Esprit n'est
pas continuellement substitué au nom d'Israel. *Filiae
discurrerunt super murum*. Ces filles sont les âmes appe-
lées à voir le règne du Saint-Esprit, et qui regardent
venir son *pasteur* et sa *pierre angulaire* par-dessus la
muraille des siècles. *Pastor egressus est lapis Israël*. Les
mots *habentes jacula* regardent les démons qui auraient
haï, dit-elle, saint Joseph plus qu'aucun autre homme

et qui, dans ce siècle particulièrement, ont couvert son nom de railleries et d'outrages. Mais son *arc* lui demeure, et les *chaînes* mystérieuses de *son bras* et de *ses mains* vont enfin être brisées, *dissoluta sunt, per manus potentis Jacob*, et les étonnantes bénédictions du *Tout-Puissant* vont éclater sur lui parce que le règne de la troisième personne divine qui est le *désir des collines éternelles* est sur le point d'arriver. Voilà, à travers d'énormes obscurités, ce que j'ai pu dégager de plus net de toutes les paroles de cette étrange fille qui passe son temps à appeler saint Joseph, qui m'a affirmé que les chaînes de ce pasteur seront brisées cette année et même que ce mois de mars est le dernier mois de son esclavage. Depuis le 19, fête de saint Joseph, je peux dire que d'après les manières de voir ordinaires, elle est complètement folle. Elle croit que nous touchons aux plus prodigieux événements, que Jésus crucifié depuis tant de siècles ne peut plus attendre que quelques jours et qu'Élie son libérateur va venir pour le détacher de la croix et pour être le Précurseur du Saint-Esprit. Elle dit que cette fois c'est Élie qui viendra dans l'esprit et dans la vertu de Jean. Avant-hier, dimanche des Rameaux, elle m'a dit avec plus de force que jamais qu'elle ne croyait pas que la *Semaine Sainte* passât sans quelque chose d'extraordinaire ou bien qu'elle était trompée comme jamais créature de Dieu n'aurait pu l'être. Enfin elle m'a dit une dernière chose qui m'a produit l'effet d'un baume délicieux sur une blessure. Elle s'est déterminée à faire connaître tout son état à ce prêtre de la rue d'Ulm qui l'avait déjà confessée et qui avait manifesté une certaine répugnance pour ces sortes d'illuminations. Cette fois, il a écouté avec une profonde attention et lui a donné l'ordre formel de demander à Notre-Seigneur, en vertu de la sainte obéissance, un signe sensible et absolument évident de la vérité de tout cela.

Voilà où nous en sommes. Je l'ai vue, hier matin, mardi. Elle est toujours dans les mêmes sentiments ; suivant elle nous serions à la dernière extrémité de tout ce que nous voulons voir finir et la revanche serait dans quelques jours. Vous seriez, vous, sur le point de revenir et nous ferions ensemble de grandes choses ??? » *(ibid.)*

Le signe fut-il obtenu ? On se doute que non. Et Bloy en éprouva une indescriptible amertume. Il lui sembla que tout croulait autour de lui. La fête du Patronage de saint Joseph passa comme avait passé la fête du 19 mars, sans laisser de trace sensible. L'âme de Bloy connut l'ironie du désespoir :

« Ceux qui rêvent ou attendent comme nous le faisons le grand éclat de la gloire de Dieu sont des imbéciles ou des fous, et les catholiques équilibrés que nous connaissons ont seuls raison. Les magnificences et les triomphes annoncés par les Livres Saints, les enseignements du Sauveur, les ténèbres symboliques de sa vie cachée, les fatigues surnaturelles de sa vie publique, ses miracles et sa Transfiguration, la trahison et le reniement, l'agonie du Jardin, les coups de poings, les soufflets, les crachats, les cinq mille coups de fouet, le couronnement d'épines, les malédictions de la multitude, le portement de la croix et le crucifiement accompagné des horreurs transcendantes que l'Esprit-Saint n'a pas osé raconter mais que les Révélations nous font entrevoir ; enfin sa mort et sa résurrection, toutes ces choses étaient pour aboutir après deux mille ans à Léon XIII et à M. Charles. C'est pour que la boutique de Palmé prospérât que Josué a arrêté le soleil et que la Mère des douleurs a pleuré dans Jérusalem. C'est pour cela que les Patriarches ont soupiré pendant cinq mille ans et que dix-huit millions de martyrs ont versé leur sang. » *(Lettre à Hello,* 19 *avril* 1880).

Qu'a-t-il obtenu de la neuvaine du Patronage suivie chez les Jésuites ? Il avait demandé la gloire de Dieu ou la mort. La gloire de Dieu ne vint point. La mort non plus. Le ciel resta sourd, muet, aveugle, insensible. Bloy ne prend pas son parti de la passivité, fût-elle divine. Il regimbe contre l'aiguillon :

« Je suis sans pain, sans avenir, sans espérance, avec une effroyable blessure dans le cœur. Il m'est venu dans ce dernier mois de mars des désirs et des *besoins* d'âme que je ne connaissais point et que je n'avais pas demandés. Ces sentiments nouveaux se sont emparés de moi comme l'incendie, ils ont fait de moi un insensé, un homme insociable et perpétuellement rugissant. Moi qui trouvais vos désirs excessifs et votre impatience inapprouvable, j'en suis arrivé en un instant à vous trouver tiède et platement résigné. Mes amis s'écartent de moi, à cause de mes violences. Dans quelque temps je n'en aurai peut-être plus. Je leur deviens à charge et je les scandalise. J'attendais tout de saint Joseph et je n'ai rien eu. Je l'ai prié comme je l'aurais prié devant le tribunal de Dieu pour obtenir une grâce au moment d'être précipité en enfer. J'ai reçu, étant à ses pieds et l'appelant à mon aide, des impressions si vives et si certaines en apparence qu'il m'était impossible de ne pas me croire exaucé et de ne pas lui dire : Vous m'avez promis de m'exaucer. Le mois de saint Joseph s'est écoulé sans l'ombre d'un résultat. J'ai eu des mouvements de désespoir et de fureur auprès desquels vos plus stridentes exaspérations ressemblent à la brise dans les rameaux de l'amandier. Alors j'ai pensé que sans doute ce serait pour le Patronage. A la réflexion je me suis dit que c'était évidemment cela, qu'il était tout à fait convenable que la puissance de saint Joseph éclatât ce jour-là. Je me suis relevé et affermi dans cette pensée. Hier soir, à la dernière cérémonie de cette neuvaine, j'ai cru sentir comme un mur devant moi. J'ai vu que je ne serais pas exaucé et je suis parti le désespoir dans le cœur, pendant que les boutiquiers faisaient leur action de grâces. Que vous dirai-je ? Je suis malheureux au delà de ce qui peut s'exprimer et se comprendre. Je suis blessé dans ma foi, dans mon espérance et dans mon amour. Aujourd'hui, lundi, pour la première fois depuis longtemps, je n'ai pas communié et je n'ai pas articulé une prière. Je n'ai pu trouver en moi que le ressentiment le plus amer et le plus féroce contre un Dieu si dur et si ingrat. J'ai tout donné depuis longtemps. J'ai offert dans presque toutes mes prières mon corps et mon âme aux plus épouvantables, aux plus infernales tortures à condition qu'il se ferait *Lui*, ce qu'il a dit qu'il voulait être, c'est-à-dire mon serviteur. J'ai accompli avec le secours de sa grâce, sans doute, mais au prix de souffrances que vous ne connaissez pas et dont le souvenir seul me déchire, j'ai accompli en deux ans une œuvre inouïe de patience, une œuvre telle que personne ne voudrait croire qu'un homme dénué de tout ait osé seulement l'entreprendre, et cette œuvre était uniquement à la gloire de Dieu. Eh bien ! en récompense tout m'est refusé. J'aurais honte de traiter un chien galeux comme Dieu me traite. » *(Ib.)*

On reconnaî. le ton du « Dé e pé. é ». La mesure semble comble, et Bloy peut c oire qu'il a touché le fond de l'abîme. Ce n'était pourtant là qu'une épreuve de plus. Mais quelle épreuve ! Dieu voulait lui montrer qu'il est le Maître : Maître du temps, de l'heure, du plan providentiel, du choix des moyens, de la prière. Et l'homme n'est rien. Et ce rien n'a droit ni à l'exaucement de son imploration, ni à l'allègement de sa souffrance. Il n'a que le devoir de prier, de gémir, de se faire pardonner l'ignominie de sa naissance. C'est la rançon de l'orgueil initial, le contrepied du péché d'origine. Bloy finit par comprendre et par se résigner. Mais que devenait Anne-Marie ? Celle-ci fut atterrée, littéralement assommée ; et sa raison en subit un ébranlement mortel.

« Vous me parlez d'Anne-Marie. Sa stupéfaction est incomparable. Elle me dit qu'elle a été trompée. Son état est tel que je pense qu'elle en perdra la raison. Cependant elle était mieux ce matin. Elle m'a dit qu'en y pensant bien elle ne pouvait croire à une pareille dérision, qu'il fallait qu'il y eût là un mystère d'impuissance divine qui l'accablait, mais qu'il était impossible que ce qu'on lui a dit ne s'accomplît pas ; que non seulement on le lui avait dit mais expliqué d'une façon telle qu'il fallait absolument que le dénouement fût prochain, sinon que la planète allait éclater. Un soir, vers les premiers jours de ce mois, j'allai chez elle et je lui proposai de prier ensemble toute la nuit. Vers le matin, je m'endormis et elle continua de prier. Après deux ou trois heures d'un sommeil agité, je m'éveillai sans qu'elle le remarquât et je fus témoin de sa prière dont je garderai le souvenir tant que je vivrai. Elle était debout devant la Sainte Face éclairée d'une petite lampe et elle parlait à cette image comme elle aurait parlé à Jésus lui-même réellement présent et visible pour elle. Elle lui parlait comme un maître parle à un serviteur infidèle ou comme un bourreau cruel parlerait à sa victime. Je ne vois pas le moyen de vous traduire autrement l'effet que produisit sur moi cette prière inouïe, éperdue, délirante. Une autre fois, vers le même temps, elle me raconta la chose étonnante que voici : J'étais, dit-elle, devant la Sainte Face, je lui disais les paroles les plus violentes et les plus cruelles, lorsque j'entendis une voix douloureuse qui me disait les paroles de l'Église au Vendredi-Saint : *Quid feci tibi, aut in quo contristavi te ?* Et cette voix était si douce et si désolée que ma colère tomba subitement et que je me mis à fondre en larmes. » *(Ib.)*

La scène de la prière est rapportée dans le « Désespéré ». Bloy avait raison d'appeler son livre : une autobiographie. Car il n'est roman que de nom, et les scènes qui le composent sont souvent, comme on le voit, transportées toutes crues de la vie dans la fiction. Cependant Hello ne cessait de s'enquérir de l'étrange compagne de son ami. Il aurait voulu connaître toutes ses pensées et être tenu au courant de toutes ses paroles. C'était impossible, car Anne-Marie imposait le silence à Bloy.

« Il paraît, écrivait celui-ci, que je suis destiné à ce privilège et à ce supplice : de l'entendre seul, jusqu'au moment inconnu où tout le monde devra l'entendre. D'ailleurs quelques-unes de ces choses sont tellement fortes que vous-même ne pourriez pas les entendre.

Une fois, elle me donna à propos de l'évangile du mauvais riche et de divers autres textes que cette ignorante me citait avec un aplomb miraculeux, une explication tellement profonde et tellement éblouissante par *l'expression* que j'en restai confondu. Il me sembla que je sentais passer l'aile de la Colombe. Cela ne dura qu'un instant, mais je vous assure que ce fut prodigieux. Malheureusement dans l'état d'esprit où je me trouve je serais incapable de vous redire cette explication. Tout ce que je sais, c'est que l'enfer était vu d'une tout autre manière que les théologiens ne l'ont montré jusqu'à ce jour. Voici la conclusion : Les hommes ne seront jugés que sur le péché selon l'Esprit Saint, c'est-à-dire le péché d'omission. Il sera le seul péché qui ne pourra pas être pardonné, *parce qu'il* est le seul qui ne pourra jamais être tourné à la gloire de Dieu. »

Les deux pôles des révélations que la pauvre fille confiait à son ami sont saint Joseph et l'Esprit-Saint. Il me semble que la genèse du « Salut par les Juifs » est là. Et Bloy avait raison de dire à Hello que l'axe de sa vie s'était déplacé. N'est-il pas permis d'y voir aussi l'origine du fameux « secret » auquel Bloy a fait parfois allusion et qui se rapportait au témoignage qu'il lui serait demandé de rendre un jour. Bloy n'écrit-il pas à Hello :

« Anne-Marie m'avait dit qu'elle *savait* que quelque chose en moi s'opposait à ce que nous attendons. Je veux parler de ce mal dont vous me conseillâtes de demander la guérison à Jésus Enfant, la veille de Noël, vous en souvenez-vous ? Lorsqu'au mois de mars dernier, j'entrepris ces deux étonnantes neuvaines à saint Joseph qui sont jusqu'à présent, je crois, les deux événements les plus considérables de ma vie spirituelle, elle m'assura qu'il fallait absolument que saint Joseph me donnât un *lys*. C'est ainsi qu'elle s'exprima, ajoutant que tout en dépendait et que rien ne serait possible avant que je l'eusse obtenu. Depuis j'ai sinon pénétré, du moins entrevu le sens profond de cette recommandation, et c'est tellement énorme que je tremble d'y penser. Ce lys fut donc en ce temps-là l'objet de mes plus brûlantes sollicitations, et mon désespoir après le Patronage, cet immense désespoir qui me fit pousser des cris vers vous, n'avait pas d'autre cause que la certitude *apparente* de n'être pas exaucé. Eh bien ! je crois que je me trompais. Il est vrai que je n'ai pas obtenu la *fleur*, mais l'ombre de la fleur est tombée sur moi et il m'a été donné d'en respirer le parfum. Je ne peux rien dire de plus sur un pareil sujet et je vois très bien qu'il est ridicule et dangereux de dire même cela...

Vous voulez que je vous redise toutes les confidences d'Anne-Marie. Vous me pressez fort sur ce point sans prendre garde que vous me mettez dans l'embarras. Je ne suis que le dépositaire d'un grand secret, je n'en suis pas le propriétaire. Je me suis déterminé à montrer votre lettre à Anne-Marie, et voici ce qu'elle m'a chargé de vous dire : « Si M. Hello était ici et qu'il m'interrogeât lui-même, je consulterais Jésus et je verrais ce que je peux lui dire. Comme il est choisi pour être l'un des prophètes de l'Esprit Saint dans un temps qui ne peut pas être éloigné, il est fort possible que, lui présent, je fusse poussée à lui apprendre ce que vous savez, comme j'ai été déjà poussée une fois à lui dire une certaine chose que je ne vous avais pas encore dite à vous-même. Jusque-là je m'oppose absolument à toute communication de ce genre et je vous défends au nom de Dieu d'*écrire* le secret dont vous avez l'honneur d'être le dépositaire. J'ai des raisons pour croire que Dieu ne veut pas que ce secret soit connu à l'avance. J'ai plusieurs fois essayé de le dire à des prêtres. Une fois j'ai été arrêtée au moment de parler par Jésus lui-même qui m'a ordonné de me taire, et les autres fois, ayant parlé sans être arrêtée, les prêtres à qui j'avais parlé m'ont déclaré n'avoir pas compris un mot de ce que je leur avais dit. »

Une situation aussi tendue ne pouvait durer. Arrivée à ce point d'exaltation, l'âme d'Anne-Marie risquait de briser la fragile enveloppe d'un corps débilité par des mois de privation. D'autre part, Bloy se voyait à bout de ressources, ou plutôt d'expédients. Dans le courant de l'été de 1880, les quelques meubles de la jeune fille avaient été saisis par un propriétaire exaspéré de n'être pas payé. Et le terme d'octobre approchait où elle serait jetée à la rue. Bloy se risqua alors à demander asile pour elle à Madame Hello (27 août 1880) :

« Je me suis dit que peut-être il ne vous serait pas impossible de recevoir à Keroman cette personne extraordinaire qui tiendrait peu de place et qui pourrait même vous être utile. M. Hello en recevrait peut-être lui-même de certains secours dont la privation le désespère. Enfin ce serait une œuvre de miséricorde supérieure très certainement à tout ce que vous pourriez imaginer, car cette fille simple et profondément ignorante *n'est pas ce qu'elle paraît être*. Je n'ose vous en dire davantage... Anne-Marie ignore absolument la démarche que je fais en ce moment. »

Le projet sans doute n'aboutit pas. La terrifiante existence de misère reprit son cours de jour en jour aggravé. Aux environs de mars 1882, Anne-Marie devint tout à fait folle. Bloy écrit quelque part qu'il vécut quatre mois de cauchemar en tête à tête avec la malheureuse chez qui se multipliaient les crises. Il fallut en finir. Le 1er juillet 1882 Anne-Marie Roulet était admise à l'asile Sainte-Anne. Elle fut transférée au Bon-Sauveur le 16 septembre suivant. Bloy eut la permission d'aller la voir. On ne dit pas qu'elle le reconnut jamais. Les lettres de la supérieure vantaient sa douceur, sa piété et son insondable tristesse. Elle mourut, d'une tumeur à l'estomac, le 7 mai 1907, sans avoir recouvré la raison. Ses restes reposent aujourd'hui dans l'ossuaire affecté à l'Hôpital du Bon-Sauveur.

LA SALETTE

« Faites-le passer à tout mon peuple. «

En 1877, Bloy avait rencontré l'homme au grand
cœur dont il ne devait plus cesser de déplorer la
soudaine disparition. Dieu, qui menait par la main
son serviteur, lui ménageait avec l'amitié de l'abbé
Tardif de Moidrey une suprême et féconde souffrance.
Si jamais Léon Bloy put se croire près de toucher au
but rêvé, ce fut le jour où il rencontra ce dévot à
Notre-Dame de la Salette. Jusqu'alors Bloy n'avait
guère connu et pratiqué que les dévotions tradition-
nelles, dont Notre-Dame des Victoires et saint Joseph
étaient les prototypes. Il fallait pourtant que la
Salette entrât dans sa vie ; c'est-à-dire que l'amoureux du christianisme des martyrs et des croisés
prît connaissance des derniers avertissements du
Ciel pour les faire passer à tout le peuple. Les voies
de Dieu sont impénétrables et merveilleuses. Il
dispose des événements et des hommes ; et sa gloire
éclate au moment qu'on y pense le moins. Sa sagesse
n'emprunte pas pour cheminer les mêmes sentiers
que la nôtre. L'apparition de 1846 sur la montagne
désolée reste le fait essentiel du XIXe siècle. C'est

comme un rappel de l'Evangile qui s'est élaboré au temps ignoble de l' « enrichissez-vous ». Une réprimande et des larmes de la Mère de Dieu : a-t-on réfléchi à l'inouï d'un pareil événement ? On en fit très vite une bondieuserie. De pieux hommes prirent soin de tranquilliser les « âmes » en localisant soigneusement les paroles de l'Apparition. Ils adoucirent les menaces terribles par la guimauve de leurs sermons ; ils noyèrent dans l'eau bénite les inquiétantes larmes. Un pèlerinage de plus, une dévotion de plus, et l'enrichissement de l'hagiographie : Notre-Dame faisait bien les choses.

Quelques-uns s'émurent, s'indignèrent, résolurent même de venger la Vierge. Ceux-là firent tout de suite figure de révoltés. De ce nombre était l'abbé Tardif de Moidrey. Ce saint prêtre avait compris la portée profonde du mystère de la Salette et qu'il débordait le cadre habituel des dévotions de tout repos. Ce que la Madone réclamait c'était moins des prières ou une fête rituelle qu'un retournement du cœur. En fait, la Salette continuait le Sinaï et le Calvaire. Elle entrait dans la chaîne de ces collines éternelles dont le Désiré était le Verbe de Dieu lui-même. Depuis qu'il avait eu l'intuition de cela, depuis surtout qu'il avait vu la médiocrité catholique s'acharner sur ce nouvel avatar divin, l'abbé s'était promis de parcourir la France pour faire connaître à la

Chrétienté dévoyée la véritable Salette. Labeur de titan dont un saint Bernard seul eût pu venir à bout. C'est pourquoi Tardif de Moidrey désirait la venue d'un homme capable de l'aider, d'un écrivain dont le génie commanditerait son action oratoire. Il prêcherait ; l'autre écrirait un livre dont le style secouerait à la fois les masses et les élites. A eux deux ils soulèveraient le monde. Qui mieux que Léon Bloy était capable d'entrer dans de pareilles vues ? Quand la Providence réunit ces deux hommes, on put donc croire que de grandes choses allaient s'accomplir. Mais les voies de Dieu sont aussi incompréhensibles que merveilleuses ; elles s'appliquent le plus souvent à donner le change aux prévisions humaines. Cependant Bloy et Tardif de Moidrey s'éprirent tout de suite l'un de l'autre. Le prêtre initia l'écrivain au mystère redoutable, pivot de la vie religieuse des temps à venir. Bloy, nourri de l'Écriture, prit feu instantanément. Le voile du temple se déchira pour lui du haut en bas. Il eut l'intuition immédiate d'une continuation des saints livres et des prophéties. L'Apocalypse s'annexait un chapitre nouveau. L'abbé, ravi, lui proposa d'écrire un ouvrage qui serait une glose à la fois et un hymne. Cette réhabilitation de la Salette ne serait d'ailleurs que l'amorce d'autres travaux nécessaires. Car il était urgent de rebâtir la Chrétienté. C'est pourquoi les deux hommes se feraient pèlerins. Ils iraient d'abord demander l'inspiration à la Vierge elle-même sur son nouveau Carmel. Ils pousseraient ensuite jusqu'en Terre-Sainte. La fortune personnelle de l'abbé devait servir à faciliter l'exécution de ce dessein grandiose. Jamais Léon Bloy ne s'était trouvé à pareille fête. Pour la première fois, le paradis s'entr'ouvrait sous ses yeux. Il le mandait, le 10 août 1879, au comte Roselly de Lorgues :

« Un prêtre riche à la fois des biens de la terre et des biens du ciel et en même temps fort épris de moi qui suis une manière de combinaison symbolique des deux genres de pauvreté m'emmène à la Salette pour quelques jours... Le dessein de cet ecclésiastique est que je revienne de ce pèlerinage sanctifié d'abord, ce dont j'ai grand besoin, et ensuite muni d'un travail de réfutation historique et théologique sur l'apparition de la Salette qui fut tout dernièrement, vous vous en souvenez, l'objet des plus sottes attaques. »

L'abbé connaissait-il l'existence d'Anne-Marie ? Sans doute, puisque nous savons qu'il écrivit de Paris, le 3 janvier 1878, à Mademoiselle de Kermarec, pour lui recommander le mariage projeté de sa protégée avec Léon Bloy. Il avait même soumis sa lettre à Bloy avant de la confier à la poste. Seulement, il semble que Bloy n'ait révélé que plus tard à son nouvel ami toutes les particularités de ses rapports avec la jeune fille, ainsi qu'il résulte d'une lettre, écrite à la Salette même, le 3 septembre, où l'on peut lire :

« J'ai raconté notre histoire au P. Tardif qui en a été fort touché. Il t'aime beaucoup et voudrait te voir. Il m'a dit qu'il avait eu beaucoup de peine à cause de toi. Il m'a dit : Je craignais que cette pauvre enfant ne fût retombée dans le mal ; je m'intéressais beaucoup à elle et, ne la voyant plus, cela me crevait le cœur. Dites-lui de venir me voir quand je serai à Paris, ne fût-ce qu'une fois ; elle me rendra très heureux. »

Et le 5 septembre :

« L'abbé Tardif qui t'aime beaucoup m'a déjà parlé de te conduire lui-même à la Salette l'année prochaine. »

C'est la catastrophe, hélas ! qui était prochaine. Les deux amis avaient passé ensemble quelques jours sur le Plateau sacré, devisant du livre que Bloy avait commencé sur les lieux mêmes, esquissant des projets d'avenir et priant avec ferveur la Vierge navrée. L'abbé s'était même écrié: « Mon ami, ce que vous avez écrit est si bien qu'il faut que la Sainte Vierge s'en soit mêlée par une assistance toute particulière. » Et déjà il voyait le livre terminé propager dans le monde la gloire de la Vierge des larmes. La deuxième étape de leur pèlerinage spirituel devait être Jérusalem. Les deux amis traduiraient ensemble la Bible...

Au bout de huit jours, l'abbé se sentit indisposé

et garda la chambre. Le lendemain, qui était la fête de la Nativité de la Sainte Vierge, 8 septembre, avait été fixé pour le retour à Paris. Et Bloy, que ne cessait de tourmenter la situation d'Anne-Marie, ne crut pas pouvoir prolonger davantage son séjour à la Salette. L'abbé se sentait mieux ce jour-là. Cependant, alléguant un reste de fatigue, il engagea Bloy à partir seul, se proposant de le suivre le lendemain. Les deux hommes se dirent au revoir. Cet au revoir était un adieu. Pendant l'absence de Bloy, Tardif de Moidrey fut atteint d'érysipèle et mourut, le jour même de l'Apparition, fête des Sept Douleurs de la Vierge. On devine les cris que poussa Léon Bloy quand il reçut l'incroyable nouvelle. Il l'apprit brutalement par un télégramme envoyé aux Assomptionnistes de Paris. Non seulement cette mort lui faisait perdre un ami et un guide, mais une fois de plus sa vie s'écroulait. Ainsi le désespoir ne se dessaisirait jamais de lui ; Dieu le vouait à l'échec indéfini...

« Mon cher Père, écrivait-il, le 7 octobre, au Père Brissault, missionnaire de la Salette, je vous écris le cœur noyé de chagrin. Depuis dix jours je vis dans les larmes. Cette mort de mon bien aimé père spirituel m'a poignardé. Je suis réellement affolé de douleur et je ne puis me consoler. C'est une grande lumière qui s'est éteinte. Un très petit nombre d'hommes savent ce que valait cette intelligence et ce que valait ce cœur. Dieu a rappelé à lui cette âme dont le monde n'était pas digne, et notre douce Mère a voulu que la Nativité de son Apôtre arrivât le jour anniversaire de son Apparition sur la Sainte Montagne. Que leurs Saints Noms soient bénis à jamais. Mais combien cette perte est cruelle ! Que n'ai-je deviné que mon pauvre abbé allait mourir ? Le chagrin de l'avoir si soudainement quitté aggrave mon immense douleur de l'avoir perdu et ajoute pour moi à l'effroyable réalité de cette mort le sentiment d'une amertume inexprimable. Je vous écris, mon cher Père, parce que je sais que vous l'avez aimé et parce que j'espère que vous l'aurez vu et assisté dans ses derniers moments. J'ai soif de détails. Personne ici n'a pu m'en donner. J'ai appris brutalement sa mort le jour même de la fête de N.-D. des Sept Douleurs et rien de plus. J'ai attendu vainement que quelques informations détaillées m'arrivassent directement ou indirectement. J'espérais que cette pauvre âme qui m'aimait avec tendresse se serait souvenue de moi au lit de la mort et aurait dit quelque chose pour moi à son frère ou à quelque autre personne qui me l'aurait transmis. Ah ! mon Dieu ! que j'aurais besoin de cela pour me soutenir et me réconforter ! Je vous en supplie, mon cher Père, au nom de la Passion douloureuse de N.-S. J.-C., au nom de la Compassion de sa Mère, répondez-moi et apprenez-moi quelque chose puisque je ne sais rien. Je souffre comme je n'ai jamais souffert. Au moment où je vous écris, je me sens suffoqué par les larmes. La mort de mon père et la mort de ma mère ne m'ont pas aussi profondément affligé que cette mort. Si vous saviez le bien qu'il a fait à mon âme et à mon intelligence. Si vous saviez les projets que nous avions formés ensemble pour la gloire de la Sainte Vierge et pour la dilatation de son culte ! Dieu a brisé tout cela. Que sa volonté soit faite. Tout ce que je peux faire c'est de ne pas me désespérer. J'avais commencé sous les yeux de mon ami un grand travail sur la Salette, et aujourd'hui ce travail qu'il faut pourtant que je continue et que j'achève me crève le cœur. Priez la Sainte Vierge qu'elle m'assiste, car en vérité je ne sais plus que devenir. Cet homme admirable me disait qu'il faut s'attendre à toutes les contradictions et à toutes les peines quand on s'occupe amoureusement de la Salette. J'éprouve cruellement la vérité de cette parole. J'ai eu à subir depuis mon retour des contrariétés infinies, et les plus atroces embarras d'argent sont venus s'ajouter à l'horrible angoisse de cette catastrophe. Enfin, mon cher Père, je compte sur vous, écrivez-moi et prions beaucoup. Je n'ai cessé de prier pour l'âme bien-aimée de l'apôtre de Marie et j'ai fait beaucoup prier autour de moi. Si j'étais riche, j'irais à Corps, puisqu'on me dit qu'il a dû y être enterré, conformément à sa volonté tant de fois exprimée. Puisque c'est impossible, je continuerai mes prières ici. Donnez-moi beaucoup de détails, et que la Mère douloureuse vous regarde avec tendresse et miséricorde. C'est le vœu très cordial de votre malheureux ami. »

Le Père Brissault lui fournit les renseignements demandés dans une lettre dont Madame Bloy a utilisé un fragment pour la préface du « Symbolisme de l'Apparition ». Bloy remercia le Père le 14 octobre et, préoccupé du sort de son livre qu'il regardait comme le testament spirituel du défunt, il réclama encore des documents historiques et bibliographiques. C'est qu'aussi bien le plan dont l'abbé avait fourni les premiers linéaments s'élargissait sous les yeux attentifs de l'écrivain.

« Mon projet, écrivait-il au Père Brissault, n'allait pas au delà d'une simple brochure d'une centaine de pages sur le symbolisme de la Salette et sur le Discours que je me proposais d'expliquer. »

Mais les éditeurs Bloud et Barral qu'il avait pressentis n'acceptèrent de publier son ouvrage que s'il comportait un historique complet de l'Apparition et de ses principaux miracles. Le tout formerait un volume d'au moins 400 pages que Bloy promettait de livrer pour la Noël. Il est clair que les éditeurs comptaient plus, pour la vente, sur l'historique que sur la symbolique de la Salette. Ils s'imaginèrent sans doute que Bloy serait un second Lasserre et qu'avec lui la Salette ferait comme Lourdes le maximum. L'infortuné Bloy se mettait au col un joug inimaginable. Il sollicita l'aide de son ami missionnaire.

« Je compte sur vous, d'abord pour appuyer ma demande (demande de renseignements au P. Archier, supérieur de la Salette *(lettre du 10 octobre)*), ensuite pour me renseigner sur les diverses démarches que je vais avoir à faire : 1º j'aurais besoin d'une liste bibliographique de tout ce qui a été imprimé sur la Salette avec l'indication des moyens à employer pour me procurer tout cela au meilleur marché possible ; 2º il me faudrait l'adresse des différentes personnes qui ont été l'objet de miracles éclatants ou qui ont eu un rôle important dans cette merveilleuse histoire. Entre autres je voudrais être mis en rapport avec ce ministre protestant que N.-D. de la Salette a converti ; 3º trouverai-je, à votre avis, un grand secours dans les Annales de la Salette et comment, étant dénué comme je le suis, pourrais-je en acquérir la collection complète, si réellement cette collection m'est nécessaire ? »

Bloy comptait aussi faire suivre l'histoire proprement dite de l'Apparition d'un appendice sur « l'Apôtre de la Salette ». Il écrivit dans ce but à M. de Moidrey :

« Ce serait une notice biographique aussi développée que possible et j'ai espéré, Monsieur, que vous ne me refuserez pas les divers documents qui me seront nécessaires pour écrire cette oraison funèbre. Il est juste que le souvenir du plus ardent apôtre de N.-D. de la Salette soit attaché à la propagation de son culte comme ses restes reposent dans ce cimetière privilégié où il avait tant désiré de fixer un jour sa dernière demeure.

Et maintenant, avant de finir cette lettre douloureuse, j'ai une grande faveur à vous demander. Il m'est venu un désir immense de posséder un portrait quelconque de l'homme à qui je dois le plus après mon père. Avez-vous ce portrait ? Serait-il possible d'en obtenir une reproduction photographique ? Je vous en supplie, Monsieur, au nom de la mémoire bénie de votre frère, ne me refusez pas cette grâce. Vous ferez un bien immense à celui qui ose se dire non sans orgueil le disciple bien-aimé de cet admirable serviteur de la Mère de Dieu. »

Que reste-t-il de tant de larmes, de supplications et de travaux ? L'œuvre posthume inachevée publiée en 1925 sous ce titre : « Le Symbolisme de l'Apparition ». Elle comprend trois parties : Symbolisme de l'Apparition — Paraphrase du Discours — Les larmes de Marie.

« Je travaille nuit et jour, écrivait Bloy à Paul Féval (14 octobre), au milieu d'ennuis de toutes sortes et avec le chagrin persistant d'une mort qui m'a percé le cœur. Je suis dans les mains de la Mère des Miséricordes. Elle sait que je brûle pour sa gloire et que je voudrais lui construire une basilique miraculeuse. Si j'arrive ce sera en effet un miracle de plus... J'ai mis mon travail sous la protection spéciale de sainte Anne, mère de Marie, et du bienheureux Dismas, larron des cieux, une dévotion à moi. »

Il mande le même jour au Père Brissault :

« J'ai déjà accompli une bonne partie de ce travail difficile et j'espère. J'écris le cœur en feu. J'en suis, en ce moment, à la partie la plus importante à mes yeux, c'est-à-dire l'explication du Discours. Si Dieu le veut, je crois que ce sera beau... Après 33 ans, il ne s'agit plus simplement d'un livre spécial de dévotion et d'édification à l'usage de quelques âmes fidèles. Il faut une grande œuvre, d'un grand essor littéraire et d'un apostolat universel, qui puisse prendre le cœur des gens du monde, telle enfin que le rêvait notre cher apôtre. Eh bien ! je vous associe à cette œuvre. J'espère que le P. Archier fera ce que je lui demande. Mais il me faut un ami très tendre et très dévoué qui se passionne pour mon succès, qui s'en préoccupe avec sollicitude, qui recherche *ingénieusement* les moyens de m'aider, et je compte beaucoup plus sur vous que sur lui.

J'ai été extrêmement touché de tout ce que vous me dites. Vous voudriez me voir missionnaire de la Salette autrement que par un livre. Je ne crois pas que Dieu m'y appelle. Cependant s'il le veut cela sera. Faisons d'abord ce livre et puis nous verrons. Voilà bien longtemps que je souffre et je suis prêt à souffrir encore.

La Mère douloureuse m'a profondément touché à la Salette, je le sens bien. Je crois que je suis moins mauvais qu'avant. Je ne commencerai pas avant un mois la partie historique. Vous avez donc le temps de faire ce que je vous demande avec larmes au nom de notre Mère et au nom de son apôtre mort entre vos bras. L'ouvrage de l'abbé Nortet est un très faible travail. Je tâcherai pourtant d'utiliser tous les écrits de ce genre. Mais ce dont je suis le plus avide, ce sont les documents inédits et manuscrits. Il me faudrait un triage intelligent. Que ne puis-je aller à la Salette ! Enfin ayez pitié de moi, priez et agissez... Je travaille jour et nuit. A raison du peu de temps qui m'est donné et des difficultés matérielles de ma vie, il est presque impossible que j'arrive à temps. »

Le génie est une inspiration. La marque la plus constante de cette inspiration est qu'elle entraîne l'inspiré bien au delà de l'ambiance où se meuvent ses contemporains. Bloy ignorait cette particularité funeste. Voilà pourquoi il réclamait l'aide des infirmes qui ont des yeux pour ne point voir, des oreilles pour ne pas entendre et des pieds pour rester rivés au sol. Son inspiration à lui c'était l'Esprit-Saint. Tous ceux qui lisent le « Symbolisme de l'Apparition » en conviennent. Lui-même, à vrai dire, le constatait.

« Je vous l'ai déjà dit, écrit-il au comte Roselly de Lorgues, le 5 janvier 1880, cette œuvre n'est pas de L. Bloy. Quelqu'un de plus fort que lui s'en mêle manifestement et le porte par force en de certains chemins où ce pauvre garçon n'irait pas de lui-même. »

Et à la comtesse de Lorgues, le 18 décembre 79 :

« Je suis né le 12 juillet 1846, c'est-à-dire 68 jours avant cette divine manifestation, et c'est juste le nombre des frères du fidèle Obededom choisis avec lui par le roi David pour être les gardiens de l'Arche d'Alliance. La première pensée de mon admirable mère à ma naissance fut de me confier par un vœu spécial à Marie dont je reçus le nom, et pendant 33 ans cette souveraine en larmes a frappé sans relâche à la porte de mon cœur. A la fin, lasse d'attendre, et jugeant sans doute qu'il n'y avait pas lieu d'espérer que je me décidasse à ouvrir, elle a tout simplement enfoncé la porte et elle est entrée avec les 9000 anges de sa garde dans ma tanière. Maintenant, je ne suis plus chez moi. Il me faut vivre à genoux et non autrement. Toute autre posture serait inconvenante et d'ailleurs impossible. Quel incroyable choix la Sainte Vierge a voulu faire et quelle étonnante destinée que la mienne ! J'écris je ne sais quoi et je ne sais comment. On trouve cela beau, mais je me moque un peu de la simplicité de ceux qui me prennent pour un aigle. Si ces braves gens savaient que ce que j'écris est si peu de moi que c'est à peine si je le comprends ! »

Cependant, le « Symbolisme de l'Apparition » ne quitta pas la table de travail de Léon Bloy. Il devait y rester jusqu'en 1925. Non seulement Bloy ne livra pas son manuscrit à Bloud et Barral avant la Noël de 1879, mais il le laissa inachevé. Pourquoi ? Lassitude, misère, impossibilité de réunir la documentation indispensable ? Il confiait, le 18 août 1880, à Hello sa lassitude :

« Écrire m'est désormais impossible. Je suis tout à fait convaincu que ce projet d'un livre sur la Salette était simplement le moyen dont Dieu s'est servi pour m'amener à étudier sa Parole et à l'aimer éperdument. D'ailleurs, le temps des livres est passé, passé sans retour. Notre-Seigneur, qui est venu nous donner l'exemple de tout ce qu'il y avait à faire, n'a pas fait de livre. Or, c'est à Lui que nous allons, bon gré, mal gré. C'est lui qui doit nous consommer dans l'unité, et c'est uniquement ce qu'il a fait que les hommes de l'avenir sont appelés à faire. »

D'ailleurs, l'infortuné était la proie d'une indicible misère.

« Je ne suis secrétaire d'aucun député, confie-t-il à Paul Féval, le 2 mars 1880 : Il est vrai qu'il en a été question ; mais avec mon bonheur ordinaire j'ai été supplanté. Mon unique ressource est une leçon d'*enluminure* que mon ami Hello m'a dénichée et qui ne m'empêche pas de mourir à peu près de faim. La semaine dernière, j'ai eu la douceur de manger trois ou quatre fois, je ne sais au juste. Cette façon de carême malheureusement involontaire étant combinée avec quelques autres peines intérieures, j'ai été porté assez près du désespoir. »

Mais il y a autre chose que je trouve dans une lettre à Hello, datée du 19 avril 1880. En vérité, Bloy abandonnait son livre sur la Salette, parce que, comme sa femme devait le dire un jour, sa vie s'était déplacée. L'influence d'Anne-Marie s'implantait en lui avec ce secret redoutable qu'il ne voulut jamais divulguer.

« Vous me demandez encore de vous communiquer les feuilles nouvellement écrites de mon livre. Ce serait difficile puisque j'ai renoncé à ce livre. Voici pourquoi. Lorsque je l'ai entrepris, j'étais infiniment éloigné de penser à l'avènement du Saint Esprit. Ce travail d'interprétation devait, selon mes vues, être réalisé dans le sens du règne de la douleur, c'est-à-dire de J.-C. Je devais m'appuyer sur la tradition des Saints Pères et rejeter avec horreur toutes les suggestions qui tenteraient de m'en écarter. En un mot, je devais regarder le passé. Vous avez vu combien je fus entraîné en dehors de ma route et combien monstrueusement mon cadre s'est élargi. Aujourd'hui il n'y a plus de cadre. Il a éclaté de toutes parts, et le désir soudain et brûlant et dévorant du troisième règne s'est emparé de moi et a changé absolument mon point de vue. Tout est à recommencer maintenant, et certes je ne suis pas en état de le faire en ce moment. Une chose singulière, c'est que mon travail sur vous a été l'occasion de ce changement total que j'appellerai, si vous voulez, ma *conversion*. Je ne suis plus du tout le même homme. »

En lisant cette lettre, on fera la part de l'exaltation où la folie commençante d'Anne-Marie jetait Bloy. Une exaltation du même genre enfiévrait l'inquiet Hello. C'est pourquoi une étude comparée de ces deux hommes serait souhaitable. Mais ce n'est pas ici le lieu de l'écrire, parce qu'elle entraînerait trop loin le lecteur : aux confins mêmes de la littérature officielle qui tient encore moins compte de ces deux génies que d'un Barbey, d'un Villiers, d'un Ballanche ou d'un Blanc de Saint-Bonnet.

Revenons à Léon Bloy. Ce qui prouve le désarroi

où le jetaient les dires de l'énigmatique jeune femme, c'est qu'en dépit de ses résolutions il se remit à sa tâche de la Salette. Il écrivait en août à Hello :

« …j'ai repris mon livre sur la Salette. J'avais résolu de l'abandonner, parce que je ne voyais pas le moyen d'accorder ensemble les choses déjà écrites et les choses à écrire après tant d'idées nouvelles survenues. Mais le lundi de Pentecôte, j'ai compris qu'il fallait abandonner ce souci et continuer au risque de ne pas entendre moi-même ce que j'écrirais. Je vais d'étonnements en étonnements. Il ne se passe pas de jour que quelque chose de nouveau ne m'apparaisse dans la Bible. Ce que j'écris est tel qu'il faut nécessairement que la face de la terre soit renouvelée pour que cela devienne publiable. En même temps je suis consumé. Mes communions me suffoquent de désir et de douleur. Quant à mon indigence matérielle, elle augmente de jour en jour. »

« Le Symbolisme de l'Apparition » est une magnifique lecture spirituelle à travers laquelle l'âme de Bloy apparaît étonnamment douce et calme. Pour retrouver le pamphlétaire-prophète, il faut se reporter à « Celle qui pleure », recommencement sur un autre plan du livre rêvé sur la Salette ; comme pour retrouver l'inquiet d'Anne-Marie il faut lire « Le Salut par les Juifs ». A propos de ce dernier livre, on prétendit que Bloy donnait dans l'hérésie de Vintras. Rien n'était plus loin de la pensée de celui qui fut toujours un catholique d'autant plus soumis qu'il était parfois moins respectueux. Aussi

quand on l'accusa, dans l' « Université Catholique »,
de Lyon, d'être un rénovateur de l'antique hérésie
et d'annoncer une prochaine « incarnation du Para-
clet », écrivit-il au directeur de cette revue :

« Cette vieille hérésie, bien antérieure au misérable
Vintras, m'a toujours fait horreur, et mon livre n'en
dit pas un mot. Je ne puis donc expliquer l'exorbitante
accusation dont je suis l'objet que par ce que les
typographes appellent, je crois, un *mastic*. Certaines
lignes et certains mots, destinés à figurer dans un autre
article, se seront indûment glissés dans celui de M. Ca-
lamus. Comment concevoir sans cela, l'effroyable
légèreté d'un homme qui s'exprime avec une certaine
gravité apparente et qui ne doit pas, sans doute, se
dispenser de lire avec attention les ouvrages qu'il daigne
juger ? » (Voir « Le Mendiant Ingrat »).

Il semble hors de doute que, du fait d'Anne-Marie,
l'âme de Bloy subit le plus furieux assaut. Mais
elle y résista ; elle tint bon et sortit renforcée de
l'épreuve. A aucun moment de sa vie, la foi de Léon
Bloy ne faiblit. Cette foi était faite de soumission
amoureuse à la volonté surnaturelle de la Mère
Église. Et cette soumission était à la fois interne et
externe. Est-il nécessaire d'ajouter que Bloy ne s'est
jamais donné pour théologien ? Il rabroua verte-
ment, en divers endroits de son Journal, des gens
qui le traitaient en docteur de l'Église ou en directeur
spirituel. Il eut constamment cette humilité, produit d'une foi sans défaut, de rester à la place que

lui assignait la Providence, persuadé que sans
l'obéissance les plus beaux dons de Dieu tournent
à la perte de l'âme.

Le désir lui vint alors, véhément, de revoir la sainte
montagne. Il lui sembla qu'une voix le convoquait
à la Salette pour le jour anniversaire de l'Apparition.
Mais le moyen d'entreprendre un pareil voyage ?
L'apôtre de la Madone résolut de partir à pied.

« Je suis poussé vers la Salette d'une manière irrésistible, écrit-il, le 18 août, à Hello. N'ayant pas d'argent, je ferai le voyage à pied, non sans quelque crainte,
car le voyage est très long, et les privations et le chagrin
m'ont rendu faible. Néanmoins j'espère être arrivé
dans un mois... J'irai donc planter ma tente de mendiant sur la montagne de la Salette, où j'ai l'espérance
très ferme de recevoir de nouvelles lumières. J'ai de
très fortes raisons pour croire que le discours de la
Salette que j'ai appelé le *Verbum novissimum* de l'Esprit
Saint contient sous une forme extrêmement symbolique et enveloppée le secret qui désespère Lucifer.
C'est la première parole *publique et universelle* que
Marie ait prononcée depuis les noces de Cana, comme
je vous l'ai fait remarquer. Les dix-huit siècles qui sé-
parent ces deux époques sont le mystérieux et effrayant
abîme du silence de notre Souveraine. Relisez, s'il vous
plaît, la première moitié du chapitre XIII de saint Luc
et remarquez comment, après que Jésus a parlé de cette
tour de Siloé dont le nom signifie l'Envoyé, laquelle
tombe sur dix-huit débiteurs et les tue, une femme apparaît ayant un esprit d'infirmité depuis dix-huit ans,
inclinée, et ne pouvant pas du tout regarder en haut.
Considérez la *vocation* de cette femme et les circonstances de sa guérison. Remarquez ensuite les paroles

du chef de la synagogue et l'étonnante réponse de Notre-Seigneur. Souvenez-vous que le nom de fille d'Abraham que Jésus applique à cette femme, n'appartient en propre qu'à Marie, comme le nom de fils de David a une excellence mystérieuse qui ne convient qu'à Jésus lui-même ; souvenez-vous que les règles les plus strictes de l'interprétation traditionnelle ne nous défendent pas de substituer le mot *siècle* au mot *année*, songez que l'avènement du Saint Esprit serait véritablement le jour du Sabbat (requies) et regardez ensuite le fait de la Salette : vous verrez ce que cela donnera. »

Cette lettre appelle les mêmes commentaires que la précédente. Témoignage de la formidable agitation de Léon Bloy, elle ne peut avoir qu'une valeur documentaire. Elle exprime un moment de l'état d'âme du pauvre homme ; on aurait tort de la solliciter pour y voir autre chose. Elle marque une étape, non un point d'aboutissement. Enfin l'on ne saurait trop répéter que la foi de Léon Bloy étant pure et simple ne fut jamais par lui discutée.

Bloy ne fit pas à pied le pèlerinage. L'argent nécessaire lui vint, comme toujours, d'une manière inattendue. Le principal instrument de la Providence fut, cette fois, Madame Charles Hayem, la femme du patron de Georges Landry.

« Cet hommage d'une *famille d'Israélites* à N.-D. de la Salette, lui écrit Bloy, le 14 septembre, n'est pas si *imprévu* que vous le dites. Je savais qu'il en serait ainsi, d'abord parce que je vous connais un peu et ensuite parce que je connais N.-D. de la Salette qui est irrésistible. J'ai le chagrin véritable de ne pouvoir vous dire tout ce que je pense sur ce sujet. Israel est notre ancêtre à nous autres, catholiques, et ceux qui ne l'honorent pas sont menacés dans l'Écriture même de ne pas vivre *longuement*. Je me plains souvent de voir des catholiques méconnaître une vérité si claire. Pour moi, Madame, je pars en emportant les douze tribus dans mon cœur ; je les déposerai pieusement aux pieds de la Vierge en pleurs, à qui fut donnée toute souveraineté et toute plénitude de grâce. »

Bloy ne se rendit pas seul à la Salette. Il était accompagné d'Anne-Marie, qu'il fit passer pour sa parente. Il reçut là de grandes grâces, mais il y souffrit aussi de nouvelles tribulations, sur le compte desquelles l'abbé de Moidrey l'avait renseigné l'année d'avant : « Prenez garde au démon qui va vous tenter et vous faire souffrir de cent façons et qui cherchera à vous dégoûter de la Salette. Il n'y a pas d'endroit au monde qui lui fasse plus d'horreur parce qu'il n'y en a pas où on reçoive de plus grandes grâces. » Bloy s'appliqua d'abord à recueillir avidement tous les détails relatifs à la mort de son grand ami.

« Voici le jour anniversaire de sa mort, écrit-il, le 28 septembre, au frère de l'abbé. Je regarde comme une très grande grâce d'être ici en ce moment. Le souvenir de ce rare et généreux esprit par qui mon intelligence et mon cœur furent ouverts aux choses de Dieu est devenu après les déchirements douloureux des premiers jours qui suivirent son départ de ce monde l'une de mes pensées les plus suaves et les plus rafraîchissantes. Je vais tous les jours prier sur sa tombe

non pour son âme sainte qui doit être depuis longtemps en possession de la gloire, mais pour tous ceux
qu'il a aimés et qui souffrent encore sur la terre. Je
me relève toujours un peu plus fort et confirmé dans
l'espérance.

J'ai vu plusieurs fois le Père Brissault qui m'a donné
beaucoup de détails sur cette mort qui fut si cruelle
pour moi que je ne crois pas que la mort même de mon
père m'ait aussi profondément bouleversé. J'ai com-
muniqué à cet excellent religieux quelques parties du
livre auquel je travaille depuis un an et j'ai eu la joie
d'être approuvé par lui et de lui entendre dire que les
magnifiques et profondes pensées de notre cher défunt
sur la Salette avaient été réellement et intégralement
recueillies par moi. »

« Une particularité assez navrante de mon pèlerinage, écrit-il à Paul Féval, le 30 septembre. La saison
étant fort avancée et l'air déjà froid sur ces hauteurs,
je suis le seul pèlerin actuellement résidant à la Salette
et j'aurai l'honneur de clore ainsi la série des pèlerins
non seulement pour cette année, mais peut-être pour
longtemps, car les Missionnaires ont reçu leur congé
et vont être galamment dispersés. L'abandon de ce
sanctuaire me semble un malheur effroyable pour
toute la France et pourrait bien être le signal de cala-
mités sans nom... Au revoir, je reste ici jusqu'à lundi
inclusivement. »

Il prolongea pourtant son séjour, et il s'en explique
ainsi, le 6 octobre, au même Féval :

« Il pleut et il vente atrocement ; je suis à peu près
seul et exposé à la plus effroyable mélancolie. Divers
motifs de prendre la fuite paraissent me retenir sur la
montagne miraculeuse. Cependant la véritable raison
de cet interminable séjour est plutôt une horreur

ineffable de Paris et de la vie de désespéré à laquelle je suis condamné dans ce lupanar des argousins de la Démocratie. Je resterai donc ici jusqu'à ce que la Sainte Vierge que je prie avec la plus audacieuse et la plus pressante familiarité daigne me mettre en état de m'élancer dans une autre direction ou tout au moins de revenir à Paris pour y vivre d'une façon moins précaire et moins dépendante. Je brûle mes vaisseaux en restant ici puisque je dévore l'argent de mon retour. Mais mon parti est pris. La Sainte Vierge m'a conduit ici elle- même, comme je crois vous l'avoir expliqué dans ma dernière lettre. Elle m'a donc donné le droit de croire qu'elle veut m'exaucer, et j'ai une extrême répugnance à partir avant d'avoir obtenu certaines grâces dont j'ai un absolu besoin. Voici que j'ai 34 ans passés, il est temps que ma vie prenne une direction quelconque. L'incertitude absolue de ma vocation est une souffrance horrible pour mon âme et implique une certaine dégradation de ma vie spirituelle. Je suis arrivé à ce point où il est absolument nécessaire qu'on me sauve n'importe à quel prix ! »

Ce n'était pas l'avis de certains missionnaires puisque Bloy entra en conflit avec eux à cause de ses prolongations de séjour. Ces prêtres, que le zèle n'arrachait pas aux contingences ordinaires et qui étaient bien incapables d'ailleurs de deviner le cas exceptionnel de l'écrivain, commencèrent par s'impatienter de la persistante présence de ce pèlerin posthume qui ne s'apercevait pas de la disparition graduelle des pèlerins ordinaires. Il y a un temps pour tout, comme dit la Sagesse, un temps pour dormir, un temps pour manger, un temps pour penser à son âme

et à celle des autres. Cet homme sauvage paraissait
ignorer ces lois élémentaires de l'économie bourgeoise
et évangélique. Il traînait aussi après lui une « personne du sexe ». En vérité, ce M. Bloy devenait
importun. Il priait avec ferveur évidemment, mais
sait-on jamais ? Ajoutons qu'il avait eu la souveraine imprudence — ou impudence — de se réclamer de l'abbé Tardif de Moidrey. L'abbé Tardif —
Dieu ait son âme — tenait en assez piètre estime
les missionnaires de la Salette, lesquels — faut-il
le dire — le lui rendaient bien. Ils disposaient même
contre lui d'un arriéré de rancune sacerdotale dont
Bloy ressentit un matin le choc apostolique. Le
P. Perrin le fit inviter à régler son compte. Bloy
s'exécuta, tout en s'étonnant à part lui du procédé,
puisqu'il n'avait pas encore manifesté l'intention
de quitter la Salette. Il est vrai que, quelques
jours auparavant, il avait avoué qu'il se sentait
« un peu gêné ». Or, on sait que les affaires sont les
affaires. Ce qui le prouve, c'est qu'une sommation
analogue fut faite à Anne-Marie, que Bloy faisait
appeler Madame Roulé. Bloy ayant réglé, lui dit-on,
elle était invitée à faire de même. On aurait même
été jusqu'à laisser entendre que la communauté
redoutait un « départ clandestin ».

Ce n'est pas tout. Le 13 octobre, le P. Perrin fit
dire à Bloy « par le portier » que le temps du pèlerinage était passé et qu'il eût à déguerpir. On devine

la fureur de Bloy. Elle s'épancha le jour même dans une lettre au P. Berthier :

« Que pensez-vous de cela, mon Père ? Mon premier mouvement fut d'aller trouver le P. Perrin et de lui faire une scène terrible. Heureusement je ne l'ai pas rencontré, et ma fureur s'est un peu calmée. Est-ce donc ainsi que des pèlerins doivent être traités dans une maison bâtie pour les pèlerins et par les aumônes des pèlerins ? Et cela pour une sordide inquiétude d'argent. Mais, mon Père, pour des religieux et des serviteurs de Marie, cette arrière-pensée est la honte des hontes. Dans le premier accès de ma rage je me suis promené en criant d'indignation autour du Plateau. Et ne me dites pas que mon soupçon est injuste, car quelle autre raison de me chasser pourrait-on sans injustice mettre en avant ? Qu'a-t-on à me reprocher ? J'ai trouvé ici deux pèlerins canadiens qui ont fait un séjour de *deux mois* et qui ont été traités paternellement. Il en est venu d'autres aujourd'hui même, il en viendra d'autres encore dans le courant d'octobre et peut-être plus tard et on les recevra. J'avais eu la stupidité de croire que mon titre d'ami de l'abbé de Moidrey me recommanderait à la Salette, et c'est précisément le contraire qui est arrivé. Je n'en ai entendu parler qu'avec un mépris mal déguisé ou avec un blâme à peine moins révoltant. Enfin la présence de cette parente qui m'accompagne et ses fréquents rapports avec moi, circonstances qui ne peuvent scandaliser que les personnes qui ont le péché dans le cœur, ont été l'occasion des plus malpropres et des plus injurieuses insinuations. En conscience, croyez-vous que j'aie sujet d'être satisfait ? Tout le monde ici sait fort bien que j'ai donné ma vie et mon âme à la Salette et que depuis un an je travaille par ma plume et par ma parole à propager ce grand miracle. D'où vient que tout le monde s'éloigne de moi depuis quelques jours surtout à tel point que, vous excepté, je n'ai pas rencontré sur la montagne un cœur qui s'ouvrît grandement à moi ?

Il est vrai, je suis pauvre, mais enfin j'ai payé ce qu'on a exigé de moi. Et après tout, quand même je n'aurais pas payé, est-il digne d'un prêtre de J.-C. de faire entrer en balance avec l'intérêt d'une âme cette honteuse considération ? Pourquoi donc me traiter de la sorte ? Si j'ai un besoin de cœur de prolonger de quelques jours mon pèlerinage, le P. Perrin s'engage-t-il à réparer le dommage qu'un départ précipité peut causer à ma piété sans compter l'horrible souffrance que ses procédés me font endurer ? Je juge tout cela très coupable et très indigne d'un Missionnaire de la Salette.

D'ailleurs, je ne partirai probablement pas avant la fin de la semaine malgré l'injonction peu apostolique que j'ai reçue. Si le P. Perrin ose me l'adresser directement, il arrivera ce que Dieu permettra, mais je ne crois pas que je puisse supporter cette dernière ignominie.

Ah ! mon Père, j'avais espéré autre chose de ce voyage tant désiré, tant demandé et pour lequel j'avais tant imploré la Sainte Vierge dans ses sanctuaires de Paris.

Je vous écris tout cela parce que j'ai besoin de me dégonfler et aussi parce que j'espère que votre intervention pourra tout adoucir. Je désire quitter cette maison sans colère et sans ressentiment. Je désire ne pas être tenté de secouer mes chaussures contre le seuil de votre monastère en le maudissant. Je désire surtout ne pas être exposé aux épouvantables suggestions que l'esprit du mal souffle dans le cœur des écrivains que l'injustice a fait souffrir et qui peuvent user de leur puissance pour se venger. Je vous demande donc d'intervenir pour une réconciliation. »

Cette réconciliation eut-elle lieu ? En admettant qu'elle se soit produite, elle ne devait avoir quand même qu'un effet momentané. Léon Bloy et les missionnaires de la Salette pouvaient se séparer en paix ; le cœur ni l'intelligence n'étaient de la partie. C'était pis qu'une incompatibilité d'humeur : c'était de l'incompréhension. La lettre suivante, adressée le 23 septembre au comte de Gobineau, témoigne une fois de plus de l'impossibilité d'une utilisation bondieusarde de Bloy :

« Monsieur le Comte, Voulez-vous me permettre de me livrer sans contrainte au ridicule d'espérer que vous ne m'avez pas complètement oublié ? Je suis cet enthousiaste plein d'extravagance qui vous accablait, il y a quatre ans, de lettres insensées qui, par miracle, ne vous déplurent pas. Et même vous poussâtes la condescendance jusqu'à vous enquérir de lui dans un de vos très courts séjours à Paris. Je ne me rappelle pas sans un peu d'orgueil notre longue causerie de la Chaussée d'Antin quand il vous plut d'écouter les rêveries d'un jeune homme qui n'avait d'autre titre à votre attention que votre invraisemblable bienveillance d'artiste et d'homme d'État.

Depuis ce jour, l'univers entier nous a séparés, à ce qu'il me semble. Je suis devenu une sorte de poète mystique enfermé dans la sempiternelle contemplation des harmonies invisibles, ravagé de toutes les fureurs du désir de Dieu et consumé dans son corps et dans son âme par toutes les famines de la terre et du ciel. J'ai couru à la Trappe, qui m'a vomi non parce que je suis tiède, mais parce que je suis brûlant, anomalie qui ne peut surprendre qu'un poète. J'ai fatigué l'Église et le Monde de mes plaintes et de mes clameurs. Enfin, l'an passé, à la suite d'un pèlerinage au sanctuaire de la Salette, l'idée m'est venue d'un livre infiniment bizarre. Il s'agit simplement de faire jaillir du *fait* de la Salette toute une conception nouvelle de la Beauté catholique, et toute une exposition inattendue de la destinée humaine par rapport à la Révélation. Je sens qu'il serait absurde d'entreprendre une explication quelconque de cet incroyable projet, déjà réalisé en grande partie, mais fatalement voué à l'inattention universelle dans ce temps de goujats Dioclétiens adipeux et triomphants. Mon point de départ est un enthousiasme effréné que j'exaspère volontairement en moi jusqu'aux notes les plus élevées du paroxysme le plus aigu et le plus strident. Un artiste de votre force ne peut pas mépriser cela et doit même d'autant mieux augurer du triomphe que l'entreprise est plus démesurée et en apparence plus dénuée de sagesse et d'*opportunité*. J'ai l'inconvénient *littéraire* d'être si furieusement catholique que la presse entière et la plupart des éditeurs avec elle s'écartent de moi comme d'un pestiféré de mysticisme et d'intolérance. M. Barbey d'Aurevilly lui-même, qui me fait l'honneur de m'aimer, s'étonne et s'effraie d'une vie intellectuelle si violente et si emportée. Dans notre entrevue trop courte de Paris, je me souviens de m'être indigné devant vous du néant esthétique auquel la pieuse imbécillité de presque tous les chrétiens condamne aujourd'hui le catholicisme. J'ai conçu le dessein d'éventrer cette gangue monstrueuse de médiocrité et de formules et d'en faire jaillir la gemme sidérale d'un christianisme enseveli depuis 15 siècles. En un mot, il s'agit pour moi d'être l'inventeur de la Pompéi catholique. Si mon dessein est insensé, ce qui est possible, je fais assez bon marché de la vie, pour n'avoir pas besoin d'être consolé d'un insuccès qui ne sera rien moins que la mort sans phrases pour l'indigent et le désespéré que des journalistes ont appelé la tête de Méduse du catholicisme.

Ici, sur cette montagne glacée et mélancolique, j'enfonce sans relâche dans le triste cœur que je porte comme un accablant fardeau les pointes acérées d'un sempiternel désenchantement de la vie. Communard d'avant la Commune par l'effet étrange d'une fringale d'idées absolues, précipité ensuite dans l'Église Romaine par l'espoir d'échapper à l'asphyxiante stupidité des saltimbanques de la gloire, j'ai trouvé dans ce second état, en même temps que des espérances certaines, l'arrière-goût horrible de la plus ineffable bêtise humaine superposée à toutes les magnificences divines que je venais adorer. Et l'horreur de ma vie, c'est de ne pouvoir absolument pas accepter cette constellation de fange sur la robe candide et sans couture de mon Dieu. C'est d'avoir entrepris dans le dénuement total de ce qui fait ordinairement la force et la lumière d'un homme une œuvre à faire reculer de découragement tous les abstracteurs de quintessence esthétique.

Il en sera du reste ce que Dieu voudra ou permettra. Le monde me semble fort menacé, le goujatisme est en train d'escalader les astres, et la France paraît s'éteindre non comme un flambeau mais comme une mèche puante et qui fumera longtemps. J'accomplirai donc de mon projet tout ce qui me sera donné d'en accomplir et à n'importe quel prix. J'en accomplirai peut-être d'autres encore que je ne connais pas et que je n'aurai pas conçus, mais qui me seront marqués par les événements prochains et terribles qu'on nous prépare. En attendant, l'idée m'est venue de vous écrire non pour jouer avec vous au prophète, mais parce que j'ai besoin présentement de secours et que vous pouvez peut-être m'en donner.

J'ai le désagrément de ressembler à ces fruits pleins

d'âpreté qui ne mûrissent, dit-on, que sur la paille. Ce voyage de la Salette, infiniment au-dessus de mes ressources, est le résultat d'une souscription d'amis très pauvres et même d'indifférents. J'ai mendié quinze jours pour venir ici. Bientôt, il faudra que je reparte, et c'est pour cela que je vous écris, absolument au hasard si ce mot a un sens, ne sachant pas du tout si vous êtes riche et ne sachant pas davantage si vous êtes magnifique.

Voilà tout. Je ne sais pas mendier mieux que cela. Mais, en votre double qualité de gentilhomme et d'artiste, trouverez-vous qu'une lettre commençant par la promesse d'un chef-d'œuvre qui doit enrichir l'esprit humain finit assez noblement par cette main tendue par-dessus les Alpes à un homme dont je suis à peine connu et qui n'aura peut-être pas assez récemment relu les pléiades pour se soustraire à la tentation de me mépriser ?

Un vociférateur solitaire que vous avez conquis depuis longtemps. »

Des lettres semblables, Bloy en écrivit à Raoul d'Entremeuse, à Henri Lasserre ; c'est son rôle de mendiant qui continuait. On songe malgré soi à Benoît Labre. Avec cette différence que le céleste vagabond était un reproche muet au monde (hygiénistes compris) tandis que Bloy clamait de plus en plus haut son épouvante et son mépris.

DANS LE MAQUIS LITTÉRAIRE

« Pour faire une chose il faut d'abord
ne pas la mépriser, et je méprise le journalisme à un point tel que je compte en
grande partie sur ce mépris pour me
sanctifier. »
(Lettre à l'abbé Anger, 1er mars 1882.

Pour accompagner Léon Bloy dans ses deux voyages à la Salette, nous avons dû passer sous silence la composition du premier livre qu'il ait publié : le « Révélateur du Globe ». L'origine de cet ouvrage est dans un travail de critique sur l'Histoire même de Christophe Colomb, par le comte Roselly de Lorgues. Léon Bloy se lia, par cette occasion, avec le gentilhomme dont l'idéal ne pouvait que parler haut et fort à son âme même. Roselly se proposait de hâter la canonisation du découvreur de l'Amérique. Il comptait provoquer par la parution de son livre un mouvement sinon populaire en tout cas mondial qui forçât en quelque sorte la main au Pontife suprême. Pie IX paternellement l'y encourageait. Roselly, par malheur, n'était pas un écrivain. Il produisit une œuvre honnête et correcte, émouvante certes mais terne. Une conviction s'en dégageait, non la chaleur mystérieuse et vivifiante de l'art. Tel quel, Léon Bloy s'en éprit. On comprend qu'il s'éprit de l'idée ou de la thèse et qu'il entrevit tout de suite le parti merveilleux qu'en tirerait son imagination puissamment nourrie de mystique et tournée vers les réalités du symbole. Il écrivit donc un trio d'articles où, sous couleur de vulgariser le livre de Roselly, il le reprenait en sous-œuvre et esquissait à son tour une Vie de Colomb, mais combien plus belle, combien plus haute, combien plus universelle et synthétique. C'était le lyrisme prenant possession du Christophore et l'enlevant à la mesquinerie humaine. Roselly devina-t-il quelle force de pétrisseur de mondes gisait latente au cœur de cet inconnu ? Toujours est-il qu'il exhorta Bloy à faire de ses articles un volume. Mais il ignorait que Bloy fût pour les catholiques un pestiféré. Le difficile était moins d'écrire les articles que d'en obtenir la publication.

« Je viens de terminer — mande Léon Bloy à Paul Féval — un travail *absolument admirable* sur Christophe Colomb, à propos de la récente publication de M. Roselly de Lorgues. Ce travail est tout à fait beau. Je suis assuré que vous n'en douterez pas. M. Roselly de Lorgues espère que la publication de cela avancerait beaucoup les affaires de Christophe Colomb devant la Sacrée Congrégation des Rites. Il y a quelque chose comme la matière de 50 pages de la « Revue du Monde Catholique », c'est-à-dire une très présentable brochure. Il faudrait donner le tout en deux articles dans la Revue et ensuite publier la brochure. Or, M. Palmé, éditeur flasque et sévère, quoique habituellement éperdu, a horreur de moi. Vous dire les origines de ce gracieux sentiment ne m'est pas donné. Je ne me charge pas de vous débobiner ce jocrisse triomphant. Il s'agit simplement de ceci. Voulez-vous m'envoyer *très vite* une lettre ouverte que l'on puisse donner à Palmé et dans laquelle vous lui *conseillerez* de prendre mon travail et de le publier dans le plus bref délai, vous appuyant bien entendu de toutes les raisons qu'il vous sera possible de tirer de mon immense talent et de l'étonnante opportunité de mon affaire. Cette lettre étant venue, M. d'Aurevilly, M. Roselly de Lorgues et M. Buet iront tous ensemble la porter à ce rutilant satrape de la librairie vertueuse. »

Voilà à quels subterfuges en était réduit le seul écrivain vraiment catholique du temps. Palmé finit par marcher, et les deux articles en devinrent quatre. Mais dans quelles conditions lamentables se firent les insertions, Bloy s'en plaignait, le 20 juillet 1879, à l'abbé Anger :

« Mon très cher abbé, Vous recevrez en même temps que cette lettre un 3ᵉ article sur Christophe Colomb. Il sera suivi d'un 4ᵉ et dernier, après quoi le tout sera réuni en une brochure qui aura le sort que Dieu voudra. Cette seconde partie de mon travail est entièrement polémique comme l'indique le sous-titre et me donne présentement beaucoup d'ennui. Je ne vous envoie qu'à contre-cœur ce nouvel article. J'avais voulu faire une belle chose, et l'aréopage de la boutique Palmé l'a défigurée au point de m'en donner la nausée. Ces tristes catholiques, ennemis de la vie, ont eu horreur de rencontrer en moi un vivant et ils m'ont tué autant qu'ils ont pu. D'abord ils ont exigé de moi, sous peine de non insertion, des ratures et des remaniements infinis. Pour ne pas rendre impossible l'œuvre de justice chrétienne à laquelle M. Roselly de Lorgues m'a fait l'honneur de m'associer, j'ai consenti à dévorer ce premier crapaud. J'ai cru qu'on s'en tiendrait là. Mais non, mes épreuves définitivement corrigées et ne devant plus me revenir, ces lâches sycophantes ont eu l'impudence d'y toucher encore et d'y introduire sans mon aveu de nouveaux changements. J'ai enfin vu paraître mon œuvre horriblement mutilée et méconnaissable. Vous trouverez des phrases interrompues et qui restent un pied dans l'air comme cet idiot génie de la Liberté qui surmonte à la Bastille le bronze obscène du libéralisme de juillet ; vous trouverez aussi des images dont la moitié est absente et qui ressemblent ainsi aux propos alcooliques d'un halluciné littéraire. J'étais ivre d'indignation et de fureur. Je me suis vu sur le point d'aller trouver ces drôles et de rompre avec eux par quelque violence. Heureusement M. Roselly de Lorgues, non moins indigné mais plus calme, m'a rafraîchi et consolé en me faisant espérer une réintégration complète de mon texte dans la brochure. »

La brochure, muée en livre, ne devait paraître qu'en 1884. C'est que l'abbé Tardif de Moidrey venait de traverser comme une apparition radieuse la vie de Bloy lui révélant le monde de la Salette et détachant un peu plus son âme des contingences terrestres. Mais alors s'accentue aussi le désaccord entre les aspirations spirituelles et artistes de Bloy et ses nécessités corporelles. De part et d'autre les divergences s'exacerbent. A remuer ses brouillons et ses notes de l'époque, on suit la marche de son désenchantement progressif et implacable. Il devait aboutir au désespoir du « Désespéré », ce désespoir très spécial, infiniment éloigné, par exemple, de l'acte imbécile de l'homme qui se jette à l'eau. Bloy s'analysait lui-même, avec une lucidité de confesseur ou de médecin, devant un ami :

« Il n'y a dans toute mon âme qu'une seule chose continuellement présente : l'horreur. C'est l'horreur de tout, horreur de moi, horreur du monde, horreur de la création, horreur de toute la vie. Je suis tenaillé par cette idée unique : comment faire pour ne pas tomber dans le désespoir ? J'en suis réduit à construire des syllogismes pour me persuader à moi-même qu'il n'y a pas de raison pour que je sois définitivement perdu. Et je ne me persuade rien du tout. Je ne suis pas fou. Je sais, je vois très nettement que c'est là une maladie non pas mentale, mais morale. Je me juge très bien. Il ne s'agit nullement ici d'une perversion ou d'une simple altération de la *connaissance* mais d'une horrible intoxication du sentiment. Je m'efforce de n'être pas extérieurement trop insupportable, je ne parais que maussade, et ce résultat de ma lutte intérieure est une espèce de miracle. Je suis empoisonné psychologiquement. Quelque chose de noir et de vénéneux est tombé dans mon cœur, comme de l'encre dans une source. Alors que je ris d'une plaisanterie plus ou moins spirituelle et que je tâche d'y ajouter un trait qui montre avec évidence que mon humeur n'y répugne pas, alors, mon ami, dans la même minute je pense à la mort, au jugement terrible, au désespoir éternel, à la responsabilité effrayante de chaque homme et à l'infamie de ma propre vie. Tout cela est immobile perpétuellement devant mes yeux comme une compagnie de démons autour de mon âme. Cela fait une torture morale dont je ne peux pas te faire comprendre l'énormité. En passant par mon appareil de sensibilité ce qui n'est que fâcheux devient atroce et ce qui est cruel n'a plus de nom dans aucune langue. Je t'assure que bien souvent, alors même que je ris et que je parais m'intéresser à ce qui se dit autour de moi, j'ai beaucoup de peine à me retenir de hurler comme un démoniaque en marchant au milieu des rues. »

Léon Bloy était intoxiqué de christianisme. Il l'avait absorbé à dose massive, conformément à la pratique des vieux âges qui est celle du « tout ou rien ». En quoi il avait oublié la prudence du siècle qui a depuis longtemps assagi la folie de la croix et qui fait compagnonner dans une même âme, au mépris de la parole évangélique, Dieu et l'Argent, Jésus et le monde. Pour avoir méconnu cette prudence des enfants des ténèbres, Bloy fut condamné à l'isolement. Cette âme d'amour ne trouva plus de refuge que dans le désespoir, puisque l'espérance même se reculait devant ses désirs d'absolu. C'est dans ces dispositions qu'il continuait à fréquenter le monde littéraire et même le monde religieux, car il fallait vivre ; et la loi d'airain pesait sur lui. Mais comment les catholiques du XIXe siècle auraient-ils ouvert leurs rangs à un frère coupable d'idées qui débordaient le vulgaire ? Voici une curieuse lettre à l'abbé Anger qui situe assez exactement le problème:

« Je viens d'adresser à Mgr l'Évêque de Poitiers une lettre singulière par laquelle je le prie de vouloir appuyer une démarche que je fais en même temps auprès d'un libraire de son diocèse. Voici l'histoire. Ce libraire avait pris des arrangements avec M. Paul Féval pour une

Vie de sainte Radegonde qui devait être livrée à l'impression dans un délai déterminé. Ce délai expiré, M. Paul Féval n'ayant rien livré, toute la pieuse boutique du libraire indigné en a tressailli dans son ventre, et un scandaleux procès suivi d'une condamnation plus désagréable encore est venu fondre sur le plus inexact des romanciers. Cette misérable affaire a fait quelque bruit. C'est alors que M. d'Aurevilly, voyant tout rompu, m'a conseillé de tenter une démarche pour obtenir que la *Vie de sainte Radegonde* me fût confiée, préférablement à tout autre supplanteur de M. Féval. Or, j'ai besoin d'être sauvé, car je suis, financièrement, un naufragé de la Méduse, quoique je languisse sur des flots infiniment éloignés du Pacifique. Le succès inespérable de cette démarche me sauverait. J'ai ce sentiment que je ferais très bien un pareil travail historique. Il n'est rien même que je fisse mieux. S'il entre dans les vues providentielles que je doive un jour tapager littérairement devant l'Église, cette œuvre pourrait être le début de ma fonction de crieur public de N.-S. J.-C. Il y aurait à mes yeux dans la vie de sainte Radegonde *écrite d'une certaine manière* le profit immédiat d'une immense édification religieuse et l'occasion d'une thèse d'histoire à planter en regard des abominables antithèses politiques de notre satanisme révolutionnaire. Si l'on considère que sainte Radegonde est en travers de la grande route qui va de Mérovée à M. Grévy, il est tout à fait certain qu'on aura beaucoup moins envie de descendre que de remonter. Toute grandeur en France regarde en arrière, et la France elle-même, si elle avait le temps de se reconnaître entre deux prostitutions, ressentirait jusqu'à en mourir la profonde nostalgie de ses origines. Il y aurait à montrer cela et beaucoup d'autres choses encore. Mais surtout, il y a les Saints, les Saints que personne ne comprend ni n'honore plus aujourd'hui. L'abjecte sentimentalité catholique combinée avec cette honteuse prudence qui veut écarter le surnaturel les a tant rapetissés. Les chrétiens modernes pensent que les Saints étaient des gens très sages coulés dans un certain moule uniforme que l'Église a bien voulu étiqueter comme les produits les plus irréprochables d'une industrie supérieure. Mais le resplendissement, la rutilance, la dévorante beauté des Saints et les effrayants abîmes de leurs vocations spéciales, qui donc s'en doute aujourd'hui ? La grossière piété de ce temps piétine lourdement avec ses épaisses formules dans les chemins creux de la Rengaîne, sans même entendre les éclats les plus déchirants de ces tempêtes de gloire, à soixante mille coudées au-dessus d'elle. Je songe en ce moment qu'ici à Paris, il ne se dit peut-être pas quatre prières par jour à saint Jean-Baptiste. Qui donc s'aviserait d'admirer sainte Radegonde, cette cariatide céleste qui porte avec sainte Clotilde une si énorme partie de l'entablement de notre histoire?

Eh bien, M. l'abbé, moi Léon Bloy, je vous demande vos prières à vous qui aimez les saints. Puisque vous me croyez tant de génie, vous devez désirer que je réussisse en cette affaire. Franchement, j'espère très peu. Mes lettres ont dû arriver à Poitiers lundi, et je n'ai pas de réponse. Je fais en ce moment une neuvaine pour l'obtenir. Cette neuvaine a commencé mardi dernier, jour de la commémoration de la Passion et doit finir le mercredi des Cendres. Voulez-vous vous souvenir de moi lorsque vous ferez mémoire des vivants au saint Sacrifice ? Les *vivants* ont grand besoin de prières au milieu de cette société de morts hydropiques qui vous noient dans leur pestilente déliquescence quand vous marchez sur leurs cercueils. »

L'offre de Bloy, faut-il le dire, fut pudiquement écartée. Elle heurtait de front la tradition de trois siècles de bêtise et de lâcheté : elle devait donc passer pour une idée d'énergumène. Cette histoire de sainte Radegonde paraît pourtant avoir longtemps hanté son âme, puisqu'il y revient dans le « Désespéré » où il la donne comme le grand travail historique de Caïn Marchenoir.

Cependant. la misérable existence quotidienne continuait, plus dévoratrice de précieuses énergies que véritable et maternelle nourricière. De quoi subsistait le malheureux ? Il nous avoue à maintes reprises qu'il jeûnait les trois quarts de l'année. De position sociale point. Il vivait perpétuellement dans l'attente. L'attente de quoi ? Du Règne de Dieu. Ça ne fait pas vivre, répondent les mufles. Il avait travaillé plusieurs mois aux archives des Affaires étrangères dans le cabinet du sous-directeur Girard de Rialle pour différentes personnes occupées de recherches historiques. Ses fonctions ne se bornaient pas seulement à copier, mais quelquefois à trier et rechercher les documents. On lui donnait pour ce travail deux francs par heure. Une telle occupation n'était, hélas ! qu'occasionnelle. Au début de 1882, l'archiviste Flammermont, de Chantilly, lui proposa un long travail de copie à la Bibliothèque Nationale. Bloy accepta, en ajoutant humblement :

« Mon inaction actuelle et le pressant besoin momentané d'une occupation lucrative quelconque m'ont rendu fort accommodant. Je me bornerai donc à vous prier d'élargir quelque peu, *s'il est possible*, le cercle de Popilius de vos propositions, considérant qu'il est très difficile pour tout expéditionnaire d'écrire 6.000 lettres très lisibles en une heure et surtout pendant une série d'heures. »

Cette vie de privations et d'angoisses finit par avoir presque raison de sa magnifique santé.

« Je ne *ressuscite* pas, écrit-il, le 1er mars 1882, à l'abbé Anger, j'agonise. C'est du grec cela ! Je veux parler de cette sorte d'*agonie* qui est un effroyable *combat* pour l'existence de mon corps et pour l'existence de ma pensée. Ne me reprochez pas d'écrire si peu. J'ai beaucoup écrit depuis deux ans. Mais j'ai des manières de voir et surtout des manières de sentir qui me ferment exactement toutes les portes. »

Une porte cependant s'entrebâilla pour lui ; une toute petite porte basse, qui ne menait, hélas ! qu'à la renommée stérile des cabarets artistiques. Qu'allait faire Léon Bloy dans ce milieu du Chat Noir ? Chercher une suprême désillusion. Évadé avec horreur du monde catholique, put-il croire un instant que celui de la bohème littéraire serait moins hostile à ses idées ? Il connaissait les littérateurs. Il avait soupesé Bourget, Buet, Féval même. Il gémissait tout le premier de la légèreté de ce vieil enfant terrible qu'était Barbey d'Aurevilly. Quant aux écrivains dits catholiques !... Cependant, il est indéniable que le gentilhomme cabaretier l'éblouit. On ne lit pas sans stupeur la Dédicace des « Propos d'un Entrepreneur de Démolitions » au « Très vivant, très fier, très impavide Baron du Saint-Empire de la Fantaisie, au Gentilhomme Cabaretier, Rodolphe Salis, Fondateur du Chat Noir et Découvreur de celui qui signe ces pages. » Découvreur de Léon Bloy !... Eh ! oui, telle était la naïveté de cet homme de génie ; et telle sa reconnaissance infinie pour la moindre marque de considération qu'on pouvait lui prodiguer.

« Tu m'as *découvert* et tu m'as sauvé, écrit-il au Gentilhomme. Ayant le cynisme de la reconnaissance et le délire chronique de l'amitié, j'ai tenu à inscrire ton nom en tête de ce livre écrit chez toi, pour toi, grâce à toi, dans un mépris surnaturel de tout ce qui peut être dit ou pensé par la ruminante multitude des animaux qui se croient nos juges. »

Il est vrai que la réflexion lui vint plus tard et qu'il se repentit alors amèrement d'avoir couvert de fleurs un vulgaire négrier. Car il fut joué par ce trafiquant de sueur humaine qui n'accepta sa collaboration « gratuite » que pour assurer la vogue du journal « annexé à sa pompe à bière ». Bloy crevait de faim, mais il donnait son génie en pâture à une bande de cabots menés par un industriel facétieux. On appelle cela devenir un « mendiant ingrat ». Cette aventure du Chat Noir est mystérieuse. On songe à l'aigle emprisonné parmi les volailles ou à Daniel dans la fosse aux lions. Mais non ; car si l'on distingue fort bien les volailles, on ne remarque pas et pour cause les rugissants. Souvenez-vous plutôt du tableau de Jérôme Bosch où l'on voit l'Ecce Homo aux prises avec la canaille. Elle vit de lui, cette canaille ; elle ne serait même rien sans lui. Mais lui ne prête nulle attention à elle. Il poursuit son rêve intérieur, qui est d'être obéissant jusqu'à la mort et jusqu'à la mort de la croix. Je ne raffole pas de ces sortes de comparaisons. Mais il paraît assez plausible de dire que, toutes proportions gardées, un homme de génie est une manière de Christ offert en holocauste à la veulerie ou à la malignité des hommes. Il apporte les paroles de vie ; et eux ne songent qu'à trafiquer des charmes de leur victime, en attendant le commerce autrement fructueux de toutes les gouttes de son sang.

Les articles de Bloy parus au « Chat Noir » fournirent la matière d'un recueil publié en 1884 sous ce titre aujourd'hui célèbre : « Propos d'un Entrepreneur de Démolitions ». Le livre valut à Bloy un lot sérieux de haines corses. Il s'était attaqué avec la vigueur qu'on devine à quelques fantoches de gloire et, frappant comme un sourd à la manière des barons de la croisade qui taillaient en plein drap sarrasin, il avait fait voler des bras, des jambes, des têtes même et ouvert quelques ventres grotesques ou seulement obscènes. Excès de zèle que les catholiques furent les premiers à trouver déplacé. On sait que, d'après une certaine exégèse, le royaume des Cieux ne souffre pas du tout violence.

Cependant, tout n'était pas invective dans les « Propos ». Léon Bloy savait admirer, et admirer avec enthousiasme. La première critique qu'il donna au « Chat Noir » (2 septembre 1882) fut même un dithyrambe en l'honneur de Rollinat. Bloy ne faisait rien à demi. Il hissa donc purement et simplement le poète des « Névroses » sur un socle. Il avait commencé à le louer dans le « Foyer », de Charles Buet. Les deux articles fondus en un seul devinrent les « Artistes mystérieux » des « Propos ». Les deux hommes se lièrent d'amitié, et il fut convenu que Bloy irait passer quelques jours à Bel-Air, dans l'Indre, propriété de la mère de Rollinat. Dans ses curieux « Souvenirs d'un ami », René Martineau a publié la lettre d'invitation du poète. Bloy y fit, le 8 août, une réponse magnifique où il livre, pour la quantième fois, son âme entière :

« Très cher ami, Vous m'attendez, dites-vous, et vous comptez absolument sur moi. Je suis donc bien malheureux puisque cette parole que j'ai tant désirée m'arrive précisément au moment où je suis tout à fait incapable du moindre déplacement et livré à la plus sotte et la plus annihilante des souffrances physiques. Depuis 15 jours je ne peux plus parler ni manger. Le molosse de l'angine me tient à la gorge et ne me lâche plus. Ce mal physique est une conséquence *bénigne* d'une crise morale singulièrement terrible que je viens de traverser et qui pourrait avoir pour retentissement normal dans mon organisme quelque maladie mortelle.

Vous m'écrivez une longue lettre éloquente pour me raconter vos souffrances. Toute souffrance vraie est faite pour me remuer le cœur et surtout lorsqu'elle est soufferte par Rollinat. Mais, cher ami, souvenez-vous que vous m'en avez fait l'aveu : votre mal est surtout physique. Si la santé vous était rendue, vous seriez le plus heureux des hommes. Vous me l'avez dit, et je sens que cela doit être. Vous n'avez pas fait le tour du monde moral. Vous ne pouvez pas être désenchanté ni ulcéré de ce qui ne vous est pas connu. Votre misérable santé a développé en vous une rare et merveilleuse faculté d'aperception de ce que j'appellerais le grand secret de la nature, secret de douleur, secret de lamentation... mais aussi secret d'espérance et de délivrance future. Si vous n'aviez pas souffert dans votre partie sensible, vous n'auriez pas vu les profondes, les indicibles, les divines tristesses de toute chose créée. Votre génie tout seul vous eût laissé dans le petit bourbier crapuleux du bonheur.

La maladie a été pour vous comme une révélation religieuse extérieure en attendant l'autre.

Que ne suis-je en ce moment auprès de vous ! Nous trouverions peut-être le moyen de n'être plus littéraires du tout et de vivre stupidement sans aucun effort de l'extase mystérieuse des bêtes et des choses. Je me sens horriblement fatigué d'avoir de l'esprit et j'ai bien d'autres raisons que vous d'être sans illusions. J'ai fait le plus grand rêve du monde, j'ai cru le réaliser, que dis-je, j'en ai été sûr, j'en ai eu la preuve absolue, évidente et tout s'est évanoui. En résumé j'ai 36 ans, j'ai continuellement vécu en marge de toutes les jouissances humaines, et ma part de douleurs a toujours excédé la commune mesure. Ajoutez que je suis dévoré par cet ignoble prurit littéraire qui me condamne aux gestes et aux allures simiesques de la plupart de mes

sales contemporains. Que diable faire ? Non seulement
la vie ne m'est pas savoureuse mais elle m'est presque
impossible. Si je n'avais pas une loi religieuse qui me
prescrit d'endurer, je me laisserais voluptueusement
crever de faim ou je me jetterais à la sodomie pour me
refaire des illusions. Je viens de relire pour la quatrième
fois votre lettre qui certes est d'une rare et poignante
beauté et qui ressemble tant à vos poèmes et à vos
mélodies. Eh bien, j'y trouve à pleines pages l'expression d'un désenchantement profond, tranquille et
dormant comme l'eau effrayante de ce tragique étang
du *Quesnay* laqué de nénuphars jaunâtres au fond
duquel le grand poète du « Prêtre marié » nous fait
voir par avance sous l'onde croupie le cadavre *miton-
nant* de cet homme puissant comme un Dieu. Cette
expression a même quelquefois la netteté soudaine et
métallique d'une lame d'acier posée tout à coup sur
le front. Mais le vrai désespoir, non, je ne l'y trouve
pas. J'ai *écrit* et je sais bien que vous en avez souvent
réalisé la *sensation* dans vos interprétations mélodiques
de Baudelaire — un vrai désespéré celui-là et encore !
— c'est un muscle de grand artiste que vous avez
déployé, voilà tout. Mais encore une fois l'*expression*
intégrale, absolue de l'invincible désespoir, vous ne
l'avez pas parce que vous avez mieux. Il est si facile de
le reconnaître ce démoniaque scarabée noir à ses deux
antennes dangereuses et magnétiques qui se nomment
l'amertume et la cruauté ! Eh ! cher ami, quel homme
est moins cruel et moins amer que vous? J'ai toujours
dit et je pense profondément ceci. Vous êtes un mélancolique, le plus grand de tous peut-être, mais non un
désespéré. Vous êtes un souffrant de la vie, vous n'en
êtes pas un ennemi, et c'est parce que vous prenez les
souffrances de votre mélancolie pour la haine essentielle du désespoir que vous me parlez de *votre personne
morale si uniformément ténébreuse.* Vous pensez beau-

coup à la mort précisément parce que votre âme n'est pas ténébreuse. Faire la mort noire, c'est une idée de pompier funèbre. La mort est blanche, lumineuse, pleine d'espérance parce qu'il n'existe pas de *néant futur*. C'est ainsi, qu'oubliant le désespoir, Baudelaire l'a chantée un jour, et vous après lui, Dieu sait avec quels accents ! La mort est une vierge blonde aux yeux baissés, la pureté inscrutable que les poètes les plus profanes ont célébrée sans le savoir en lui donnant le nom étrange et hermétique de l'amour.

Ah ! cher mélancolique, que vous êtes loin du désespoir ! Le fond de votre lettre, c'est que *rien ne nous contente de ce qui charme ou pacifie les autres hommes.* A qui le dites-vous ? Lorsque je vous entendis pour la première fois, je sentis une émotion que j'ai vainement essayé de raconter et dont l'exacte traduction littéraire serait peut-être ridicule à force d'invraisemblance. Moi, le mélancolique de naissance, le mélancolique au berceau qui, au témoignage de ma mère, n'ai jamais poussé un seul de ces cris dont les petits enfants remplissent la maison et qu'on retrouvait après de longues heures, dans un coin sombre, noyé de grandes larmes silencieuses dont on ne savait pas la cause, moi qui ai traversé toute l'enfance dans une brume de ces mêmes larmes, fuyant les jeux de mes condisciples dont le tumulte me donnait l'angoisse de la mort, avide de solitude, indifférent à toute émulation, assommé de coups, appelant déjà la mort comme un emmuré appelle un flot de lumière bleue et rêvant dans le chaos de ma petite intelligence la possession de tous les univers — moi enfant dont l'adolescence avait été si épouvantablement douloureuse que je suis ému de pitié sur moi-même quand je m'en souviens, je me sentis soudainement traversé par le sentiment infaillible d'une fraternité psychologique dont le premier mouvement me portait à vous chérir de toutes les forces de mon cœur.

Vous n'aviez pas mes pensées, vous n'aviez pas mes croyances, ni mes habitudes de vie, vous étiez peut-être incapable de retentir sympathiquement à moi. N'importe ! je me donnais à vous et je sentais bien qu'il n'était pas possible que je ne me donnasse pas. Votre musique pénétrait en moi comme le simulacre d'un Dieu aurait pénétré dans son temple pour s'y fixer et pour s'y faire adorer. »

Quel critique a jamais analysé avec plus de profondeur l'œuvre de Rollinat ? Cependant Bloy eût été bien en peine d'entreprendre le voyage de Bel-Air si la Providence, une fois de plus, n'était venue à son aide. Il reçut un jour un billet de cent francs dont il remercia Charles Buet. Le directeur du « Foyer » lui révéla le nom de son nouveau bienfaiteur, un certain Damala, auquel Bloy écrivit aussitôt une de ces lettres charmantes dont avait le secret ce violent par amour.

Il resta une vingtaine de jours à Bel-Air.

« Je suis arrivé malade et brisé de corps et d'âme, écrit-il, le 3 septembre, à Roselly de Lorgues. J'ai eu plusieurs jours de bile en révolte et de contorsions. Ensuite il m'est venu cet accablement préliminaire au retour de la vie dans les natures fortement équilibrées, après une dangereuse période de secousses violentes et profondes.

Je vais revenir à Paris, dans ce lieu de tant de souffrances pour moi et pour tant d'autres, mais avec un renouvellement complet de mes forces, et cette activité d'âme qui ramène l'espérance. J'emporterai d'ici l'idée et le plan d'un livre que je veux réaliser coûte que coûte et sans retard. Je ne compte pas sur la célébrité dans un temps aussi dédaigneux du beau et je la désire médiocrement. Mon cœur est ailleurs. Mais voici que j'ai 36 ans et que j'ai enfin accompli mon développement intellectuel, développement d'une lenteur et d'une difficulté dont il n'y a peut-être jamais eu d'exemple. Je suis en pleine maturité, et il faut absolument que je produise mon œuvre quelle qu'elle soit. »

Quelle impression emportera-t-il de Bel-Air?

« Je n'essaierai pas, dit-il dans la même lettre, de raconter les impressions ou les sensations de ce tête à tête de vingt jours avec un homme aussi extraordinaire que mon hôte. Cela marquera dans ma vie et, je crois, dans la sienne comme une espèce de rêve surnaturellement prolongé, plein de confidences douloureuses, de révélations artistiques, de promenades dans des solitudes effrayantes et de causeries mélancoliques sous les étoiles. Nous nous sommes positivement versé l'un dans l'autre, lui pour jeter le sang de ses blessures et moi pour le pénétrer d'espérance. J'ai eu la très profonde joie de faire sentir à cette âme navrée quelques palpitations religieuses. Dieu voudra sans doute parfaire cet ouvrage qu'il lui a plu de commencer par un homme aussi faible et aussi malheureux que moi. »

Si le séjour en Berry rétablit la santé corporelle de Bloy, son âme continuait à souffrir de la privation du repos nécessaire. C'est pourquoi, dans l'hiver de 1882, il s'en fut à la Grande-Chartreuse. Depuis le séjour à la Trappe de Soligny, la situation de l'infortuné ne s'était pas améliorée. En 1882 comme en 1879, il n'était « nulle part ». Le monde entier, catholiques compris, se détournait de lui. Et lui, sentait l'horreur inexprimable de la vie et du monde envahir son être. Il n'aura pas assez de tout le reste de son existence pour clamer cette horreur aux quatre vents de la terre. Ce que les bons Tartufes, premiers auteurs du mal, lui reprocheront avec une pudeur diabolique.

Lutte de plus en plus désespérée contre les nécessités quotidiennes ; refus de plus en plus multipliés d'être pris au sérieux ; portes fermées, guichets clos, visages de marbre... Vers qui se tourner, à quelle bienveillance se raccrocher, à quelle compassion adresser une plainte ? Et qu'adviendra-t-il de son livre sur le Christophore ? Ira-t-il rejoindre aux oubliettes de la misère le volume sur l'Apparition ? Dans cette extrémité nouvelle, il est tout naturel que Bloy ait songé à la Grande-Chartreuse. Le souvenir de la Trappe lui était resté très doux. Les moines de Saint-Bruno devaient valoir les disciples de Rancé.

« Je dois rester ici jusqu'au 9, écrit-il le 1er décembre au comte Roselly de Lorgues, et je ne peux espérer un résultat pratique qu'au dernier moment. Sans doute ce retard est extrêmement fâcheux au point de vue de nos travaux relatifs à Christophe Colomb. Mais si vous saviez combien j'étais las et malade d'esprit en arrivant dans cette solitude bienfaisante et combien cette sorte de repos m'était nécessaire. Mon séjour dans le Berry avait réparé le corps, mais l'âme n'avait pas cessé de souffrir dans l'agitation, et mon pèlerinage à la Chartreuse n'eût-il d'autre résultat que de me donner la paix intérieure, ce serait encore beaucoup plus qu'il n'eût paru raisonnable d'en attendre. Je viens de le dire, je ne sais pas quelle sorte de bien matériel j'emporterai de ma retraite, mais, à coup sûr, les dispositions du P. G^me sont aussi favorables qu'il est possible de le désirer. J'avais eu le soin d'emporter divers travaux imprimés ou manuscrits de nature à donner une idée exacte du genre de service que la Vérité peut attendre de moi ; entre autres mes divers articles sur Christophe Colomb. L'effet de ces lectures a été au delà de tous mes calculs. On n'hésite pas à me regarder ici comme un écrivain du plus grand avenir. »

Évidemment Léon Bloy cherchait une fois encore le moyen de se raccrocher à ce monde catholique qui ne voulait pas de lui. Il avait, si l'on peut dire, l'illusion tenace. C'est que ce désespéré en puissance était un grand vivant et ce pessimiste un profond amoureux. L'on ne comprendrait rien à Bloy si l'on n'admettait cette tendresse et cet optimisme de son âme. Ce qui de Léon Bloiy fit naître à la longue Joseph-Caïn Marchenoir, c'est l'excès même d'une appétence amoureuse perpétuellement et inlassablement rebutée.

Il quitta cependant la Chartreuse réconforté matériellement et surnaturellement. C'est ce qui l'enhardit à revenir à la charge auprès du P. Général, par cette admirable lettre du 11 janvier 1883 :

« Ayant déjà beaucoup obtenu de vous, je viens encore vous demander au nom de Jésus une prière. Une prière aux pieds du tabernacle pour que je sois assisté dans ce travail difficile que vous m'avez donné le moyen matériel d'accomplir et qui tend à glorifier Dieu dans la personne d'un de ses plus admirables serviteurs. Destiné à répandre en France et surtout en Italie un nouvel intérêt sur la cause de Christophe Colomb, conformément à la volonté formelle de Pie IX, ce travail qui sera tout un livre est d'un enfantement si laborieux qu'il me faut pour chaque page pratiquer sur mon déplorable esprit une sorte d'opération césarienne. Puisqu'il a plu à Dieu de me choisir, je devrais être rempli d'espérance et présumer audacieusement du succès ; néanmoins je sens ma faiblesse et telle est ma crainte de produire une œuvre indigne d'un si grand objet que je vous supplie de rechercher parmi vos religieux l'âme la plus sainte, un de ces thaumaturges par la prière qui obtiennent tout ce qu'ils demandent et qui font « obéir Dieu à la voix de l'homme » selon qu'il est écrit au livre de Josué. Avec cette charité *patiente et bénigne, congaudens veritatis omnia sufferens, omnia credens, omnia sperans,* telle enfin qu'il la faut au malheureux homme qui vous écrit, vous mettriez ce religieux dans mon complot et vous lui recommanderiez de faire pour moi violence au ciel.

Je sais bien que cette demande est pleine d'audace, mais je suis *au milieu de la nuit* et je viens frapper à votre porte pour vous demander *trois pains* qui sont la foi, l'espérance et le saint amour. Si vous me répondez que je vous *moleste,* que votre *porte est close* et que *vos enfants sont couchés,* j'accomplirai le précepte évangélique de *frapper avec persévérance* et alors, sinon par amitié, du moins à cause de mon *improbité,* vous vous lèverez et me donnerez ce qui m'est nécessaire. »

Le mendiant ingrat témoigna sa reconnaissance sous la forme d'un article où il exaltait les Chartreux.

« J'aurai bientôt, je l'espère, écrit-il, le 7 mars, au
Père Marie-Cyprien, coadjuteur à la Grande-Chartreuse,
la joie et l'angoisse de vous envoyer mon long article
sur la Chartreuse dans la *Revue du Monde Catholique*.
Dieu veuille qu'ils ne me fassent pas attendre indéfiniment l'insertion et qu'ils ne me mutilent pas à cause
de la hardiesse de certaines expressions — ces taureaux
émasculés que le rouge affole. »

On ne le fit pas attendre indéfiniment, on ne
mutila pas un article qu'on lui avait d'ailleurs com-
mandé ; on se contenta de le pousser du pied hors
de la virginale boutique.

« Mon cher Père, mande-t-il au même, le 21 mars,
voici mon article. Lisez, jugez, admirez ou vomissez,
mais écrivez-moi que vous l'avez reçu. Refus cordial,
non de Palmé, mais du commis de Palmé, dont cet
adipeux et léporesque potentat est le très humble
serviteur. Un petit vieillard inerme m'a dit simplement
que le travail avait été « examiné » et que l'insertion
n'était pas possible. J'ai naturellement demandé pourquoi. Cette demande a troublé le bonhomme qui m'a
répondu en bégayant qu'il y avait une note et qu'il
me l'enverrait — qu'il aimait mieux cela. Il aimait
mieux cela évidemment à cause de ma réputation qui
est celle d'un personnage tonitruant et qui donne volontiers des coups de bâton. Un jour j'ai menacé Palmé
de lui brûler la cervelle, et personne dans la boutique
n'a jamais pu discerner la profonde ironie de cette menace absurde.

J'ai donc repris mon manuscrit et je suis parti calme
et poli, malgré ma réputation. Seulement j'ai senti une
certaine constriction autour du cœur. »

Cette nouvelle épreuve l'accable, car elle est doublée de méchanceté.

« Tu dois penser, n'est-ce pas, dit-il à Charles Buet, le 24 mars, que je commence à savoir mon ignoble métier et que mon article fait avec la plus grande attention *devait convenir*. Ce refus est donc une pure et simple méchanceté dont je veux ignorer l'auteur. »

Et comme il tombait mal ce refus !

« Cette année surtout je suis écrasé. Depuis trois semaines les jours avec leurs dates anniversaires tombent sur moi comme des marteaux. Je pleure dans ma chambre, je pleure dans la rue, je pleure dans les églises. Je suis submergé de chagrin. Je sens une telle faim de consolations et de secours sensibles que pour la première fois peut-être, je me surprends à rêver de l'intimité conjugale, tant ce que je suis seul à porter m'accable et me désespère. Mais ce n'est qu'un rêve et bien absurde, assurément, puisque je ne peux rien dire à personne et qu'ainsi l'intervention d'une femme légitime dans mon existence ne serait qu'une torture de plus, un dixième cercle à mon enfer. » *(Lettre à Buet, 24 mars 83.)*

Une inspiration subite lui vient. Il court offrir son enfant refusé à l'Assistance publique de Mme Adam qui dirige la « Nouvelle Revue ».

« Madame, voulez-vous permettre à un lépreux de vous écrire confidentiellement ? Voici de quelle manière je suis lépreux. Depuis dix ans on me fait la réputation d'un journaliste incapable d'écrire quatre lignes sans compromettre l'équilibre planétaire. L'effet naturel de ce préjugé a été la perpétuelle éviction de ma personne et de ma copie sur tous les points explorés du journalisme parisien. De plus, je suis catholique, mais catholique comme on ne l'est plus, c'est-à-dire avec le plus enragé mécontentement de toute manière d'être des catholiques ambiants et le rêve inassouvi des plus néroniennes exterminations. Cette singularité m'a valu une infinitésimale popularité d'artiste impossible... On m'a dit l'indépendance généreuse de votre esprit. Voulez-vous faire ma découverte et rompre pour moi la grande Muraille de bêtise qui protège contre mes violences l'empire chinois de la publicité ? Je viens à vous précisément parce que vous avez la réputation d'être infiniment éloignée de mes doctrines. Ayant été depuis longtemps abandonné par la multitude ignoble de ceux qui les partagent, ce n'est pas une défection que je vous apporte, c'est un simple changement stratégique que je voudrais réaliser par vous. » *(Lettre à M*ᵐᵉ *Adam, 7 avril 83.)*

La directrice de la « Nouvelle Revue » refusa l'article sur la Grande-Chartreuse ; mais elle invita Bloy à lui en présenter un autre. Bloy s'attendait à ce refus, l'article étant fait « pour un public de prêtres et de bons jeunes gens ». Aussi, loin de se décourager, il lui envoya les « Obsèques de Caliban », cette terrible oraison funèbre de Louis Veuillot. Elle parut dans la « Nouvelle Revue » le 1ᵉʳ mai 1883. (Voir « Propos d'un Entrepreneur de Démolitions »).

Bloy avait remercié en ces termes Mme Adam, le 26 avril :

« Madame, Vous êtes parfaitement bonne d'avoir accepté mon article sans plus de façon. J'avais peu le droit de l'espérer depuis si longtemps qu'on m'objecte la sécurité des empires. Je dois vous remercier aussi de m'avoir si peu mutilé, quoiqu'à vrai dire vos *substitutions* de mots m'aient fait un peu gémir... Vous êtes, Madame, la seule puissance qui ne m'ait pas repoussé. Voulez-vous me permettre d'espérer mieux encore ? C'est le seul bien d'un homme très malheureux qui se voit cadenasser depuis tant d'années dans l'obscurité et la plus atroce misère et qui use toute sa force à se ronger le cœur. »

Bloy fit dans le même temps, grâce à Buet, la connaissance du marquis Costa de Beauregard, qui lui confia la copie d'un manuscrit. Était-ce le début d'un retour inespéré de fortune ? Le malheureux le crut peut-être à ses moments perdus, puisqu'il note à son nouvel « ami » à la date du 14 octobre 1883 :

« Voici donc une nouvelle qui vous réjouira, je me plais à le croire. Après dix ans de travaux stériles et d'angoisses de toutes sortes, je mets enfin le pied sur le seuil pollué de la grande publicité. J'ai réussi, Dieu sait au prix de quels efforts, à trouver un éditeur, et mon grand livre sur Christophe Colomb livré aux mains séculières de l'imprimeur, paraîtra dans un mois. On espère un grand succès. J'ai derrière moi plus de 600 évêques adhérents à la cause du Révélateur du Globe et de grands intérêts de passion ou de vanité en Italie, en Espagne et dans les deux Amériques. Ce livre, lancé à Paris par M. Barbey d'Aurevilly qui en écrit la Préface, soulèvera vraisemblablement de fortes polémiques que je provoque d'ailleurs avec une indépendance d'aperçu et une audace d'expression dont vous avez pu juger par mon travail sur Louis Veuillot.

J'ai donc toutes les chances possibles pour sortir une bonne fois de l'obscurité et de l'excessive misère si mortelle, comme vous le savez, à un homme d'imagination et à un écrivain d'une vocation aussi impérieuse que la mienne. Peut-être aussi me trompé-je et n'aurai-je aucun succès. Dans ce cas, je jugerai que Dieu ne veut absolument pas que je sois écrivain célèbre. Alors peut-être qu'il daignera m'indiquer une autre voie. »

Le livre ne parut ni en novembre ni en décembre. Le 6 janvier 1884, Bloy écrit à Barbey d'Aurevilly :

« Mon livre ne paraît pas avant le 15. Je n'ai donc aucune chance pour resplendir avant cette époque, et ce ne sont pas mes articles du « Chat noir » qui me pousseraient aux astres. Il y a bien plutôt lieu de croire qu'ils me vaudront quelque jour une violente querelle, ce dont je m'inquiète infiniment peu. Il serait étrange que pas un seul museau contemporain ne finît par grogner sous le sabot hebdomadaire que je promène sur mes semblables à défaut de glaive exterminateur. »

Le 19 janvier, Bloy envoie un exemplaire « sans couverture » du « Révélateur du Globe » au Général des Chartreux. La parution en librairie était donc imminente. Comme on le devine, l'auteur s'est interdit de faire aucune publicité.

« J'envoie mon œuvre aux journalistes, note-t-il à Mme Adam, et je ne leur demande rien, n'ayant moi-même à donner à la plupart d'entre eux que le plus hautain et le plus sourcilleux mépris. Cependant, Madame, comme je vous aime beaucoup et que je ne vous méprise nullement, je ne vous traiterai pas ainsi. Je vous supplie, très timidement et vous parlant à l'oreille, de considérer mon immense détresse et si vous jugez que mon livre a quelque mérite de forme — de le recommander à vos lecteurs d'une manière quelconque, en vous réservant sur les doctrines, bien entendu. »

Le livre sortit enfin de presse, et ce fut pour dégringoler au plus profond du silence.

Il n'empêche, comme le dira Léon Bloy plus tard, que « tout ce qui arrive est adorable ». La résignation est la vertu essentielle du chrétien. Ne pas confondre pourtant résignation avec asservissement. Car la sainte colère de Moïse doit être non seulement permise mais ordonnée aux chrétiens résignés.

On devine celle qui s'amassait au cœur de Léon Bloy. Or voilà qu'au début même de 1884, une occasion s'offrit à lui de dégorger cette colère et de souffleter les lâches au nom de Notre-Seigneur Jésus-

Christ. Le « Figaro », aventure inouïe, ouvrit ses colonnes au futur désespéré. Cela dura quelques semaines, l'espace donc d'un éclair. Elles suffirent néanmoins à lancer le nom de Bloy aux quatre échos de la popularité. Le vol d'Icare, hélas ! et la chute d'Icare. Mais l'aventure ne fut déshonorante que pour le « Figaro ».

Comment le grand journal boulevardier en était-il venu à songer à Léon Bloy ? Il semble que le truchement dans cette affaire ait été Coquelin Cadet. Bloy s'était lié avec le comique au hasard des bonnes fortunes du « Chat Noir ». Il parla même de lui avec éloge dans le journal de l'établissement : « Cadet Coquelin ou Coquelin Cadet, qui reçut le nom d'Ernest à sa naissance, on ne sait trop pourquoi, et qui mérita par la suite d'être appelé Cadet, par cette raison forte qu'il est le *Roussel* de la dynastie des Coquelin et qu'il a toujours l'air de porter ses trois châteaux sur le bout de son nez, ce qui fait de lui le plus considérable comique de l'univers. »

Je lis aussi dans une lettre à Cadet, du 13 juin 84 :

« Vous m'avez rendu divers services que je n'oublierai pas. Je vous dois d'être entré au *Figaro* et d'être sorti de l'obscurité. De mon côté, j'ai fait pour vous ce que je pouvais et je suis disposé à faire beaucoup plus, non seulement par reconnaissance mais par esprit de justice puisque j'admire votre original talent. »

Bloy ne cessait de réclamer l'intervention d'un directeur de journal qui aurait la pensée de l'embaucher comme on enrôle un phénomène dans une troupe de cirque. Fit-il part de ce souhait à Coquelin ? Et celui-ci rapporta-t-il le propos à Magnard ? Toujours est-il que Bloy écrit à Florentin Loriot :

« Vers le commencement de l'année, le Rédacteur en chef du « Figaro », ayant lu de moi je ne sais quoi, fit ce rêve de servir à son innombrable public le régal inaccoutumé d'une espèce de monstre catholique qui dirait une bonne fois la vérité sans ménager personne et en s'exposant à tous les coups. »

Bloy débuta dans le « grand » journalisme par un coup de gong : « Un Savonarole de Nuremberg », apothéose à rebours de celui qu'il devait appeler plus tard dans les « Dernières colonnes de l'Église » le « Révérend Père Judas ». L'article fit sensation. La monture de César hennit.

« Ce fut, dit Bloy dans la lettre à Loriot, la gloire pour moi pendant quelques semaines. On ne parlait à Paris que de ce fou furieux et solitaire armé d'un style brûlant qui déclarait la guerre à tous les triomphants malandrins au nom de vieilles idées mises depuis longtemps au rebut par la sagesse du siècle. Évidemment cela ne pouvait durer. Des réclamations s'élevèrent, et le lâche impresario me mit à la porte. Je secouai mes souliers à la porte de cette odieuse boutique et je rentrai dans l'ombre. »

Et dans une lettre à Louis Montchal :

« Je suis devenu impossible au « Figaro » le jour où
flambant d'indignation j'ai apporté un article terrible
où je dénonçais à la société française l'inexprimable
infamie d'un écrivain qu'elle adore. »

Il s'agissait de Jean Richepin. Magnard fit des
représentations. Bloy lui répondit, le 10 mai :

« Votre mécontentement m'a surpris et affligé. Suis-
je donc réellement un prêchailleur et un sacristain
inconscient ? J'avais espéré que mes instincts d'écrivain me garderaient de cet écueil. Je suis en inimitié
déclarée avec tout ce qui tient plume ou goupillon
dans ce qu'on appelle le *parti catholique*, vous le savez,
et même je n'attends qu'une occasion pour leur dé-
clarer la guerre au *Figaro*, si vous le trouvez bon.

Je suis donc un indépendant, un solitaire, et très
certainement le *Figaro* est le seul journal assez éclec-
tique et assez puissant pour offrir au public cette rareté :
un *fanatique*. Mais un fanatique *écrivain*, capable par
conséquent d'un certain repli politique. Vous-même
m'avez présenté au début comme un *catholique into-
lérant* et vous m'avez montré la *cravache à la main*.
Je ne peux pourtant pas me dévoiler comme un agnelet...

Un jour, j'ai supplié M. Parivier de prendre mon
adresse et de m'envoyer les mécontents. Je m'offre à
tous les coups, et s'il arrive que je vous paraisse dépasser un peu la mesure, ne pouvez-vous pas rappeler
à vos lecteurs que je suis une bête féroce et que la rédaction n'est pas solidaire de mes violences écrites ?

Quant à l'article qui vous a effrayé, je ne voudrais
pas autrement insister, mais je ne puis m'empêcher

d'être persuadé que j'avais enfin mis la main sur l'article écarlate qui aurait fait mugir le taureau de la curiosité publique, et c'est pour cela que je me désole de votre mécontentement.

Vous avez paru craindre que Richepin ne se livrât à quelque esclandre. Vous le connaissez peu. Richepin a toujours voulu être un contempteur hautain, un Impassible, une sorte de dandy crapuleux. Mon article lui serait une *joie*, rien de plus. Aussi n'est-ce pas lui que j'ai visé, mais le public seul. »

Cette lettre fut inutile. Bloy se heurtait une fois de plus à l'incompréhension décuplée par la peur. Il fut expulsé du « Figaro » comme il l'avait été des milieux catholiques, pour crime d'incompatibilité. Et la vie d'expédients recommença La parution de ses « Propos d'un Entrepreneur de Démolitions », loin de le tirer d'embarras, ajouta à sa misère générale. Ils soulevèrent d'abord, comme le « Révélateur du Globe, » une montagne d'injures et disparurent dans ce cataclysme, enfouis comme Pompéi et Herculanum sous la retombée des cendres et la coulée des laves. Ce fut, disait Bloy lui-même, le « plus immense insuccès littéraire de l'époque. »

Que faire désormais ? Le journaliste tenta un dernier effort. Repoussé par la presse, pourquoi ne lancerait-il pas une revue dont il serait l'unique rédacteur ? Ce fut le *Pal*. Au moyen de quelles ressources ce pamphlet hebdomadaire fut-il lancé ?

Je lis dans une lettre à Edmond de Goncourt —
qui ne fut pas envoyée :

« Ces derniers jours aidé d'un ami presque aussi
pauvre que moi, j'ai créé le *Pal* dont voici les deux
premiers numéros. »

Vous vous souvenez de la première phrase du
premier fascicule :

« J'ai longtemps cherché le moyen de me rendre
insupportable à mes contemporains. »

Et de ce paragraphe :

« Le supplice du *Pal* a toujours frappé l'imagination
des Occidentaux. C'est une combinaison sublime de
l'atroce et du comique dont l'effet devait être certain
sur des races mobiles, incapables de rien comprendre
au génie contemplatif de l'Orient et qui n'aperçurent
jamais, par exemple, l'énorme grandeur symbolique
de Xercès rêvant d'enchaîner la mer... »

Bloy découvrait là son dessein. Le *Pal* est une
œuvre de vengeance, mais de sainte vengeance ; car
le motif en est pur : et c'est la gloire de Dieu. Après
quatre numéros, ce fut la déconfiture, faute, comme
dit Bloy lui-même dans une lettre du 7 mai 1885 à
M. Frenet, « d'un commanditaire assez patient ou
assez riche pour attendre le succès d'argent. » Mais
il avait eu le temps de dire son fait à la « Grande
Vermine » c'est-à-dire au Journalisme moderne.
La Providence lui permit de condenser en ces quatre

petits fascicules à couverture de sang essuyé l'essentiel de ce qu'il y avait à dire pour venger l'humanité outragée. L'accent du « Désespéré » retentit déjà dans ces pages. On est loin avec elles des « Propos d'un Entrepreneur de Démolitions ». Il est évident que Bloy ne se contient plus. Le monde n'a plus de grâce à attendre de lui. Le mépris désormais sera total et totale la fureur implacable. L'on dirait d'un orage qui s'amasse au-dessus de la Ville. Les premiers éclairs fulgurent, les premières gouttes s'écrasent sur les toits. Un moment de répit encore ; mais il est néanmoins trop tard pour éprouver la sûreté des parafoudres. La colère de Bloy est sur le monde. Elle ne le lâchera plus.

Les secours humains se font de moins en moins efficaces. Reste-t-il une illusion encore dans le repli du cœur de Léon Bloy ? Le misérable ne tendra-t-il pas une fois encore, une suprême fois, la main à ceux de ses « frères » qu'une intuition de la grâce pourrait éclairer ? Écoutez cet appel de détresse lancé le 5 décembre 1884 au Général des Chartreux :

« Vous souvenez-vous du pauvre écrivain à qui vous donnâtes asile il y a deux ans dans votre sainte maison et qui vous doit d'avoir pu écrire un livre à la gloire de Dieu et de son grand serviteur Christophe Colomb ? Ce livre par malheur n'a eu aucun succès, le monde se désintéressant de plus en plus des choses religieuses et son auteur est resté pauvre.

J'ai fait pourtant divers travaux depuis l'apparition du « Révélateur du Globe ». Le grand journalisme m'a ouvert un moment sa porte et mon nom a été connu. Mais j'avais trop de christianisme et surtout trop d'indignation au service de ma foi, et ce requin de journalisme fatigué de me porter m'a vomi sur le rivage.

Aujourd'hui, je suis un peu célèbre, il est vrai, mais au dernier degré de la détresse et je crie vers vous au nom de Jésus-Christ que je me suis efforcé de servir et qui vous touchera peut-être le cœur pour moi. Je ne suis pas sans espérance d'être délivré de mes maux dans un délai de quelques mois. Un de mes frères doit me secourir à l'issue d'une grande affaire, pour laquelle il semble que Dieu le protège. Mais d'ici-là, ma misère est si terrible que je ne passe pas un seul jour sans être menacé de la famine et du désespoir.

Levavi oculos meos in *montes*, unde veniet auxilium mihi. Je vous ai déjà plusieurs fois imploré, mon bon père, et jamais en vain. Ayez encore pitié de moi. Cela vous sera trop facile si Notre-Seigneur daigne vous donner d'entrevoir par la pensée l'effrayante situation d'un homme croyant en lui à qui on accorde du mérite mais que l'ardeur de sa foi rend quasi impossible dans un monde ennemi de Dieu. »

Il est inutile de dire que la combinaison évoquée dans cette lettre avorta comme toutes les autres. Bloy était destiné à suivre une voie mystérieuse et à servir ainsi d'exemple à plusieurs. Nous l'avons nommé plus haut le Benoît Labre de la littérature. Pour les êtres marqués d'un tel sceau il n'est pas de recours humain possible. L'instinct de conservation les fait pourtant se raccrocher à de problématiques planches de salut. C'est ainsi que, le 18 juin 1884, il mande à Savine :

« J'ai trouvé une combinaison qui me sauverait si je pouvais découvrir un chrétien qui consentît par pure bonté de cœur ou en considération de mon avenir d'écrivain à me prêter la somme de cinq cents francs dont la moitié seulement serait d'une nécessité *immédiate*. La totalité de ce prêt serait remboursable par moi dans le délai d'un an.

Êtes-vous ce chrétien ou cet artiste ? Je vous répète que le péril est aussi grand et aussi pressant que possible. Il faut vraiment qu'il soit tel pour que j'aie pu me décider à m'adresser à vous après vous avoir peut-être offensé. »

Savine s'honora en répondant à ce noble appel. Bloy l'en remercia par un billet en date du 20 juin :

« Que Dieu seul soit donc le confident des choses profondes que vous m'avez mises au cœur et que la grâce me soit accordée d'une occasion prochaine de souffrir pour vous. »

Quel qu'eût été l'insuccès du « Révélateur du Globe » et des « Propos d'un Entrepreneur de Démolitions », certaines personnes n'avaient pas laissé d'être frappées de l'accent singulier de ces deux livres qui tranchaient si vigoureusement, si violemment même, sur la production courante. De ce nombre était un Louis Montchal, bibliothécaire à Genève. Il écrivit à Bloy, le 18 juin 1884, une lettre

si enthousiaste que celui-ci crut à une mystification
et mit deux mois à répondre. Mais alors s'établit
entre les deux hommes une amitié solide, quoique
Montchal fût incroyant.

« Mon livre, lui écrit Bloy, a été salué par la plus
formidable bordée d'injures qu'un écrivain ait jamais
obtenues. L'énorme exaspération que je soulève dans
le monde des chenapans de lettres est ma plus douce
récompense et mon vœu le plus cher. En même temps
que votre dithyrambe, je recevais des choses ano-
nymes de ce ragoût : « Charogne de démolisseur, je me
f... de toi et je te ch... dans la gueule. » Cela seul doit
vous éclairer sur ma situation. Par bonheur, le Dieu
que vous priez m'a fait don d'une âme de contempteur
absolument immobile dans la clameur procellaire des
imbéciles et dans le déchaînement universel du goujatisme contemporain. Rien, non, rien ne peut vous donner l'idée de mon isolement. C'est une vocation unique.
Ayant déclaré à haute voix et dès le début que je repous-
sais toute *camaraderie* et que je prétendais dire la vérité
à tout le monde, dussé-je en crever, je me suis vu tout
à coup seul et détesté. Un cordon sanitaire de lâches
et de crétins m'environne. »

Et Bloy révèle à Montchal le dessein qu'il caresse
de débrider d'un seul coup de bistouri la plaie du
monde contemporain.

« Je viens d'entreprendre sous ce titre *Un Désespér*
le plus effroyable livre qui puisse être inspiré par le
sentiment despotique d'une irrémédiable décadence.
Jamais l'imbécile, la sordide, la renégate société hu-

maine n'aura été bafouée et piétinée d'une plus farouche manière, à l'occasion d'un aussi formidable désenchantement. »

L'infortuné est donc parvenu au bout de son infortune. C'est comme une frontière entre deux mondes, sur laquelle il s'arrête. Il embrasse d'un regard le chemin parcouru et le nouvel espace à parcourir. Derrière lui il fait ténébreux ; devant lui il fait noir. Le cœur manque alors au malheureux qui versa tant de larmes. Mais, cette fois, ce n'est plus de pleurs qu'il s'agit. Le temps de la foudre est venu. Et les yeux très bons lancent désormais des éclairs. Ce ne fut pourtant pas sans tergiversations et retours de pitié que Bloy s'abandonna à la déréliction absolue. Encore en 1885, au plus fort de sa nouvelle situation de « désespéré », il songe violemment à la vie religieuse. Il mande, le 25 juin, à Costa de Beauregard :

« Mon cher Marquis, je vous ai écrit il y a 15 jours environ, une lettre fervente et désolée qui devait, je le croyais du moins, agir sur vous avec puissance. Cette lettre, restée sans aucune réponse, vous est-elle parvenue ? Je l'ai attendue cette réponse avec grande angoisse. Je vous informai de ma résolution de m'éloigner de ce monde et de me retirer à la Grande-Chartreuse. Cette résolution, un instant déconcertée par votre silence, redevient plus forte que jamais. Je vous exposais ma situation humblement et avec simplicité. Je vous disais qu'une somme de 200 francs m'était nécessaire pour l'exécution de mon dessein, à cause de certaines dettes que je ne puis en conscience laisser derrière moi, et que cette somme *strictement indispensable* que je ne puis demander à aucun autre ami, devait être considérée par vous en vérité comme la rançon d'une âme en vue de l'amour de Dieu. Depuis cette lettre, j'ai regardé à nouveau et profondément en moi, j'ai consulté Dieu de toutes mes forces et je suis arrivé à l'absolue certitude qu'il n'y a point de place pour moi dans le monde et qu'il faut que je m'en éloigne. »

Qu'il ne fût point fait pour le monde, c'était une vérité absolue, une sorte de vérité première d'autant mieux applicable à lui qu'il était plus chrétien. Mais il n'était pas fait davantage pour le cloître. Et de cette seconde vérité, il finit par douloureusement et définitivement se convaincre, témoin ce cri de douleur à Roselly de Lorgues :

« En proie à un désenchantement absolu, je vois ma vie gaspillée et flétrie, mon âme horriblement blessée, l'impossibilité bien démontrée de m'ajuster à un monde dont les idées et les sentiments me font horreur et que je ne puis envisager sans pousser les clameurs d'un aliéné. J'avais tout placé sur des affections qui ont fait banqueroute et je ne sais plus que devenir. Si du moins Dieu me donnait la vocation religieuse, mais je sens très bien que je ne l'ai pas et mon projet de Chartreuse était une inspiration de désespoir. J'allais partir néanmoins pour les raisons que je vous ai dites, lorsqu'on m'a retenu ici par une promesse. Il s'agit d'une combinaison au profit de la politique la plus réactionnaire par laquelle je redeviendrais, avec de solides garanties pécuniaires, le pamphlétaire ultra violent que j'ai été. La conclusion de cette affaire dépend de l'arrivée d'un personnage absent qu'on attend de jour en jour. Dieu veuille que ce ne soit pas encore une déception, un rêve, car je ne vois que cela qui me convienne. Je suis surtout un homme de violence et de guerre, et si quelque chose peut me guérir c'est de me retrouver en face de l'ennemi.

En attendant, je vis dans la plus complète solitude, environné de fantômes et d'objets funèbres, me cassant la tête sur un cercueil, subsistant Dieu sait comment, et désirant la mort comme un refuge, dans un délabrement de cœur que je renonce à exprimer. Quant à l'avenir terrestre, je n'y songe que pour le mépriser après tant de rêves. L'avenir... Ah ! Seigneur, ayez pitié de moi. »

Voici l'heure du « Désespéré ».

LE DÉSESPÉRÉ

« Quelque chose de noir et de vénéneux est tombé dans mon cœur. »

L. B.

La naissance de Caïn Marchenoir, cette transformation graduelle de Bloy, cette ascension en pleine douleur, est-elle suffisamment marquée aux pages qui précèdent ? J'ai voulu suivre, étape par étape, et autant que possible en laissant parler l'homme, l'éclosion de son destin prodigieux. J'ai essayé de faire voir cette grande âme aux prises avec les difficultés que seule peut résoudre une âme ordinaire, résignée d'avance aux accommodements. Tour à tour, le foyer, le monde des affaires, le monde religieux, le monde des littérateurs, le cloître même sont venus attester leur impuissance, leur dédain ou leur mépris. Né trop tard ou né trop tôt, Bloy ne pouvait ni leur convenir ni se contenter d'eux. Quoi donc ! était-il réfractaire ? Et ne faut-il voir en lui qu'un Courier ou un Vallès catholique ? Nullement ; car sa personnalité débordait les mesquines préoccupations de l'heure. C'est ce que ne virent ou n'admirent jamais ses contradicteurs. Bloy se présentait invariablement sur le plan de l'Évangile. Position inattaquable si l'on est chrétien. Or c'est précisément à cause d'elle qu'il fut rejeté de tous. Rejeté du monde auquel il répétait l'ineffaçable parole : « Je ne prie pas pour le monde. » Rejeté des catholiques aux yeux desquels il commettait l'irrémissible crime d'exagération. Si l'on admet que cette «exagération» consistait à s'en rapporter avant tout et toujours au texte de l'Écriture, on sera forcé de convenir que les pages « exagérées » du « Désespéré » devaient devenir l'exutoire naturel d'une âme intégralement catholique. Cette âme, dit-on, fut tourmentée. Soit. Mais quel était donc l'objet de son tourment ? N'était-ce pas ce « zèle dévorateur de la maison de Dieu » ? Non un zèle métaphorique ; la véritable passion chrétienne, martyre compris. A-t-on remarqué l'admirable unité et continuité de la vie de Bloy ? De même qu'il fut, dès le premier jour, en possession de son instrument littéraire, de même dès le premier jour, il eut la claire perception de son rôle dans la Chrétienté. Ce rôle, il le servit sans attendre une heure ; mais la Chrétienté lui fit défaut. Elle regimba contre l'aiguillon. C'est très joli de se défaire d'un Bloy en disant : c'est un Croisé. — L'heure des croisades serait-elle passée ? Les Lieux-Saints, c'est-à-dire l'âme humaine, seraient-ils délivrés ? L'esprit des croisades, serait-ce un anachronisme, comme les miracles, les prophéties et la pratique de la charité ? En vérité, l'âme de Bloy n'était si tourmentée que parce qu'elle était simple. On a dit de lui encore : c'est un romantique. Oui, si l'on songe au romantisme de l'Écriture, qui est celui du Saint-Esprit. Non, si l'on veut dire un déséquilibre mental. Bloy fut amer, comme Jérémie et Ézéchiel, parce que le monde avec lequel il se colleta, pratiquait l'effroyable complexité de ceux qui veulent composer avec Dieu ou se passer de lui. Il comprit dès le premier jour que le catholicisme était une atmosphère, laquelle est à prendre ou à laisser. Or l'Occident naquit d'elle et en elle. S'il se soustrait à elle il languit, c'est-à-dire qu'il devient apostat. C'est le catholicisme qui a formé l'Europe et, en particulier, ce nucleus de l'Occident appelé la France. Il l'a formé à un point tel que dans le dernier des libres-penseurs ses traces demeurent visibles ; et il en sera ainsi jusqu'à l'éternité. Le grand tort de Bloy — la postérité dira, elle dit déjà : son grand mérite — ce fut de voir clair dans cette notion que deux siècles de philosophisme avaient obscurcie. Et le grand mérite du monde catholique d'alors — la postérité dira, elle dit déjà : le grand crime — ce fut d'avoir tenu rigueur à Bloy de sa clairvoyance. La lâcheté d'un tel monde fut sans excuse : car, à défaut d'autre signe, le génie littéraire si particulier de l'artiste aurait dû lui donner l'éveil. Il a préféré s'en tenir au dogme imbécile de la concession. Concession, concession à perpétuité ; quelle épouvantable façon d'interpréter le « se faire tout à tous pour les gagner tous à Jésus-Christ ! »

Quand Bloy eut compris qu'il lui faudrait vivre au milieu de ce monde sans yeux, sans oreilles et sans cœur, puisque le cloître l'écartait de ses murs ; quand, incapable de « gagner » sa vie, il sentit qu'il était condamné à gagner les âmes des autres en même temps que la sienne, il se mit avec une ardeur non pareille à la besogne. Mais quand il eut compris que, non seulement ses frères en Dieu ne le suivraient ni ne l'aideraient, mais tout au contraire s'emploieraient à neutraliser ses efforts, alors le Raca de l'Évangile monta à ses lèvres et son cœur proféra la malédiction. C'est ce qu'il appelait son désespoir.

Il en parlait prophétiquement, dès 1879, à son ami l'abbé Anger :

« Vous voyez, n'est-ce pas, le joli métier de défendre la vérité parmi les catholiques. Ah ! je comprends que les goujats de la Révolution chantent à pleine gueule le Te Satanam de leur victoire. Avec de tels ennemis, ils n'auront pas même besoin de combattre. Leurs abominables pieds entreront dans nos derrières comme dans du beurre. Aujourd'hui c'est l'enseignement athée obligatoire que les Dioclétiens légiférants du mandat populaire entreprennent de légaliser. Demain ce sera l'enterrement irréligieux ou le concubinage civil en attendant mieux encore. Les esprits ardents seraient tentés de s'imaginer qu'une hostilité si générale, si nettement déclarée, si atrocement implacable dans ses effets est de nature à révolter la plus endurante longanimité. Que dis-je ! Le moins héroïque de tous les boutiquiers du XIXe siècle, s'il se donnait la peine d'y penser, trouverait peut-être que c'en est trop à la fin et qu'un semblant de prise d'armes ne conviendrait pas mal à une classe d'hommes qui se disent, non sans raison, dépositaires de la vérité et que toute voix éloquente ou stupide, criminelle ou imbécilement innocente travaille présentement à diffamer, à déshonorer et à faire exécrer, sous la menace perpétuellement autorisée des évictions et des égorgements. Il semblerait, en un mot, qu'une Ligue violente est désormais nécessaire et que ce n'est pas par des mandements sans lecteur, ni par de vaines protestations parlées ou écrites, ni par des signatures accumulées sur de niaises pétitions dont se moque l'insolente oligarchie parlementaire qu'il est possible d'obtenir, je ne dis pas un vote équitable, mais simplement un aveu cynique de cet universel déni de justice. Si quelque chose a manqué aux catholiques, ce ne sont certes pas les avertissements. Ils ne peuvent plus, sans une cécité surnaturelle de l'esprit et du cœur, entretenir en eux la plus diaphane des illusions de l'espérance. Eh bien, l'épiscopat et derrière lui tout le clergé et la masse entière des fidèles n'opposeront absolument rien à ce qu'on est convenu d'appeler le génie de la Révolution. Dans l'inaltérable sérénité des plus serviles espérances politiques, ils attendront sans agir un miracle de résurrection que Dieu *n'a pas promis* et que la France vautrée jusqu'au fanon dans la litière de ses apostasies n'est certes pas en train de mériter. » (20 *juillet* 79.)

Voilà des lignes en vérité bien actuelles. Mais il n'est pas sûr qu'après quarante-huit ans elles seraient même comprises de tous. Au milieu de quel désert moral a donc vécu Léon Bloy !

« J'ai le cœur serré à en mourir, écrivait-il à Buet, le 24 mars 1883. Je ne trouve aucune autre chose à te dire. Il est terrible de vivre dans une continuelle privation de tout bonheur, surtout quand on en est affamé, qu'on a trente-sept ans, que l'avenir est noir et le passé si effroyable qu'on ne peut le regarder sans jeter des cris. Je sais bien qu'on peut me parler des consolations religieuses et certes je sais aussi qu'elles sont grandes. Mais pourquoi ai-je été jeté dans une voie si exceptionnelle que ces consolations, si puissantes sur les autres âmes, se tournent pour moi seul en fiel et en vinaigre ? Dans ce Saint Livre qui est le pain de mon esprit, quand les autres ne trouvent que de divins préceptes ou de pieux cantiques, je suis ainsi fait que je *vois* des promesses formelles ou des symboles prophétiques d'un règne divin dont j'implore l'avènement comme un mourant de soif implore un verre d'eau. Un mot, un seul mot de peu de signification pour tout autre me gonfle le cœur et me met un voile sur les yeux. Alors, je ne peux plus lire, je ne peux plus prier et souvent je pleure avec des convulsions pendant une heure. Ensuite, je suis brisé et je dors. Mon travail va comme il peut dans les intermittences, et Dieu seul peut savoir ce qu'il m'en coûte de maçonner ce néant... Le temps est bien passé où un juge pouvait faire quelque impression sur moi. Je méprise un peu trop mes semblables et j'ai trop pris la mesure de la bonté humaine. Appelle cela de l'orgueil si cet exercice labial te donne du plaisir. Peu m'importe. Je sais le néant de la charité et du vrai discernement que cache cette commode formule qui sert à flétrir ordinairement un état d'âme anormal ou excessif auquel on ne comprend rien. Dieu seul est notre juge parce qu'il *voit* tout. Mais il est une chose que je ne méprise pas et qui me pénètre à fond. C'est la *bonté*, la sainte bonté ! C'est pour cela que je t'écris, mon ami. Tu n'as rien à me dire, je le sais ;

et tu ne peux guère comprendre mes tourments. Mais tu comprendras au moins que je souffre, et cela me fait du bien de sentir que tu le comprendras. »

Il revient sur cette idée et il la précise d'une autre manière, dans une lettre à Mme Charles Hayem :

« Il est si bon de se plaindre de ce qu'on aime et ce que j'aime c'est Dieu, le Dieu des chrétiens, le Christ sanglant, l'Homme de douleur. Je lui reproche d'être si peu triomphant dans un monde qu'il a racheté et d'avoir abandonné les amis les plus fidèles quand il s'en est allé si soudainement vers son Père, il y aura bientôt deux mille ans. Lui-même il est appelé le Père des pauvres, et à voir ce qui se passe dans le monde, il semble que ce soit le pire forfait d'être sous la loi de cette effrayante paternité, tellement on souffre et tellement on est dans l'opprobre quand on est le légitime fils du Père des pauvres. Ah ! je sais bien ce qu'on nous prêche ; qu'il faut être résigné, qu'il faut accepter et qu'il faut se réjouir d'avoir le cœur désolé ; qu'il y aura des compensations exactes et de justes comptes à la fin des fins. Mais c'est le propre de l'amour que d'être impatient, et l'amour extrême est extrêmement impatient. Tout Chrétien doit vouloir la gloire de son Dieu et horriblement souffrir de l'absence infinie de cette gloire. Je dis : tout chrétien et j'entends tout homme puisqu'on nous dit que l'homme est *naturellement* chrétien. Poète, je t'aveuglerai parce que je suis la Foi, je te désespérerai parce que je suis l'Espérance, je te dévorerai parce que je suis la Charité, je t'accroupirai dans la fange parce que je suis la pureté même, je t'inonderai de ténèbres parce que je suis la lumière. Ceux qui méprisent toutes ces choses et qui te méprisent, les Abjects et les Stupides, je les **exalterai** infiniment, je les asseoirai sur des trônes, et c'est sur **ta** face d'agonisant qu'ils appuieront leurs pieds immondes. Après cela, si tu cries vers moi, ce sera comme si tu ne criais pas.

Les docteurs en résignation qui ne désirent **pas** grand' chose de sublime et qui n'ont jamais souffert disent avec facilité que cette injustice divine n'est qu'apparente, qu'elle cache même une justice supérieure et tout à fait inscrutable. Je sais tout cela beaucoup mieux que bien des cuistres. Mais enfin, voilà tout à l'heure 20 siècles depuis la Rédemption que cette chose triste est vue chaque jour : un malheureux homme qui avait rêvé la beauté et qui est réduit à chercher son pain sur la terre. »

En somme, le « Désespéré » est une déploration autour du « Christus vincit, Christus regnat » de saint Paul, un cri d'angoisse pour hâter la venue de la Justice qui est l'Amour.

*
* *

La première idée de ce livre remonte haut dans la vie de Bloy. C'est en février 79, à Grenoble, pendant son premier séjour à la Salette, que l'écrivain jeta sur le papier les premiers linéaments de l'œuvre. Elle avait alors pour titre : « Un Désespéré ». J'ai sous les yeux le brouillon barré d'une immense croix de Saint-André du chapitre premier. Il diffère notablement du texte définitif. Voici, non pour satisfaire une vaine curiosité, mais pour mieux pénétrer l'état d'âme de l'écrivain à cette époque décisive de sa vie, ce premier jet condamné :

« Mon cher ami, quand tu recevras cette lettre, j'aurai achevé de tuer mon père. Le pauvre homme agonise, et Dieu m'est témoin que cette agonie est vraiment mon œuvre. Il semble même que je n'aie vécu 26 ans que pour cela, tant c'est irréprochablement exécuté. C'est bien ma parfaite ingratitude qui a congestionné cette effroyable face de mourant, et c'est ma perpétuelle résistance qui a fait ces yeux fous et ces maudissantes mains que je verrai maintenant jusqu'à ce que je crève à mon tour. Parricide, oui, mon cher, je suis cela, un parricide. Sans couteau ni tache de sang, il est vrai, mais d'une façon non moins certaine et, au fond, beaucoup plus tragique. Le couteau d'ailleurs est un instrument de miséricorde qui tue d'un seul coup, en une minute ; et voilà dix ans que je massacre ma victime avec des dilemmes contondants et des refus monosyllabiques.

Tu sais de moi ce que j'ai pu t'en laisser voir. Tu m'as rencontré, il y a 10 ans, dans ce carrefour dolent d'espérance et de douleur où la jeunesse pauvre se grille les pieds sur son propre cœur à l'orée des trente-six chemins de la vie moderne ouverts à son désir et généralement barrés à son choix. Tu m'as vu dévoré d'ambition et de vermine, incapable de gagner un salaire quelconque, recueillant des épaves de nourriture dans de dégoûtants endroits et néanmoins persuadé d'avoir un jour la dernière sur l'olympien carreau d'une tonitruante célébrité. Toi-même, frère très fidèle, presque aussi besogneux mais heureusement inexpugnable à tous les rêves, qui pourrait dire l'éculement général, la guenillerie, le déjeté sans nom de ta personne physiologique et de tes facultés ? Combien de fois pourtant ne m'as-tu pas sauvé de la mort par la famine ou de l'écroulement final de tout mon être dans le désespoir ? Depuis que tu as réussi à t'élancer hors du gouffre nauséeux, tu t'es résigné au monotone grelin nourricier d'un emploi de ministère, ton amitié n'a pas une minute défailli. C'était facile pourtant. Tu avais ta mère à nourrir et le vertige de mon enfer à redouter. Mais, quand même, tu croyais en moi et tu n'as pas cessé d'y croire. Tu t'es dit qu'à la fin sans doute, il viendrait une heure où je serais reconnu pour l'homme de génie que tu voulais absolument discerner à travers l'écume et la bave de mes fureurs de misanthrope. Pauvre cher dévoué, cette heure n'est pas venue et ne viendra pas et me voici à 150 lieues de Paris en présence du spectacle terrifiant qu'une dépêche comminatoire m'a ordonné avant-hier de venir contempler.

Je suis seul, le médecin m'ayant fait entendre qu'il valait mieux que les yeux du moribond ne me rencontrassent pas et qu'on m'avertirait *quand il en serait temps*. Je t'écris donc pour échapper à la dévoration d'une pensée fixe et poussé par l'étrange besoin de confession qui est, je crois, le fond de boutique et le laissé pour compte de toute âme humaine. Voici donc mon triste passé dans sa nudité et dans sa misère.

J'ai reçu, dès l'enfance, avec le don redoutable d'une imagination de poète en désarroi un cœur vastement ouvert à toutes les émotions, à toutes les tendresses de la vie ; un cœur incapable de pulsations médiocres où s'agrandissaient anormalement, comme dans un miroir concave, toutes les sensations et tous les spectacles extérieurs de ce monde contingent. Élevé par une mère chrétienne que je perdis de bonne heure, je fus confié en venant au jour à la Vierge Douloureuse que cette pauvre femme voulut faire responsable de mon *salut* en me donnant entièrement à elle. L'enseignement chrétien descendit en moi à des profondeurs infinies où je devais les retrouver un jour, après d'énormes obscurcissements, complet, intégral, dominateur de ma pensée et miraculeusement accru de toutes les expériences du péché et de la douleur.

Le grand éclat physique de la puberté ruina ma foi en un instant. Je ne me souviens pas d'avoir combattu. Mon père n'étant pas chrétien ne regardait pas dans mon âme, mon imagination s'alluma comme un incendie et tout mon être se mit à hennir au plaisir et à l'ambition comme le cheval d'Alexandre au soleil levant du Granique. Au fond, c'est une sale et vulgaire histoire d'adolescent, s'il pouvait y avoir de la vulgarité en des choses qui courbent le roseau pensant et qui font couler le sang de Dieu. A dix-huit ans, je vins à Paris. Mon père, trop pauvre pour continuer à nourrir un aussi grand fils, m'avait obtenu une place d'expéditionnaire qui me donnait à peine du pain, à moi qui rêvais des ribotes et des splendeurs. L'écurie sociale est aménagée de telle sorte que les jeunes ne peuvent atteindre au râtelier et doivent s'estimer heureux de pâturer la litière des rosses antiques attelées au char d'une civilisation qui dédaigne leur vigueur. L'uniformité d'un travail que je méprisais, l'atroce fouaillement pédagogique de mes désirs par mes privations, l'ambition effrénée et sans but précis, le perpétuel reflux d'une de ces volontés puissantes mais sans mesure et sans criterium que la société moderne est incapable d'utiliser, enfin l'absence absolue de toute formule religieuse pour amortir tant de choses, me conduisirent bientôt à une sorte de sommeil psychologique à la fin duquel m'attendait le suicide où je faillis me précipiter. Je perdis mon auge administrative. J'avais vingt ans, je n'étais attelable à aucun tape-cul commercial, la paresse, la mélancolie — une mélancolie monstrueuse et un orgueil de calife me tenaient. Je ne cherchai nul expédient pour subsister et je roulai dans une misère sans nom qui n'eut d'égale que l'indigence épouvantable de mon cœur. Je me suis vu sans ressources d'aucune sorte, sans vêtements, sans souliers, sans gîte, allant le matin à la conquête du monde, lisant des livres incendiaires, pour moi seul peut-être, sur le parapet des quais et grimpant aux buttes pour voir Paris à mes pieds. Ce fut vers ce temps-là que nous nous rencontrâmes, mais tu me supposais un domicile conjecturable, un semblant de subsides intermittents, une mamelle quelconque au flanc d'airain de la chienne de destinée et tu ne connus pas l'irréprochable perfection de ma concubine très fidèle : la MISÈRE. « La Sainte Misère, a dit Barbey d'Aurevilly, qui nous lave le cœur avec ses larmes et qui nous le parfume pour toujours lorsque nous l'avons une fois respirée. » Je fus un des Dix-Mille retraitants sempiternels de la famine parisienne à qui manquera toujours un Xénophon, qui prélèvent l'impôt de leur fringale sur les déjections de la richesse et qui assaisonnent à la fumée de *marmites* inattingibles et pénombrales la symbolique croûte de pain récoltée dans un urinoir. Je crois avoir épuisé dans les deux ou trois ans qui s'écoulèrent ainsi toutes les tortures et toutes les agonies de l'âme et du corps. Un jour il fallut absolument mourir ou m'emparer à quelque prix que ce fût d'une mécanique à espérance. Je devins chrétien. L'histoire de cette *conversion* mérite d'être racontée.

Il m'arriva, un humide et sombre soir, dans une de insensées perambulations nocturnes qui firent de moi si longtemps le péripatéticien de l'insomnie involontaire d'inspirer un mouvement de pitié à une infortunée chasseresse bredouille du rognon humain. Elle m'emmena chez elle. Vers la fin de la nuit, je m'éveillai dans les ténèbres, au bruit des battements de mon cœur, à ce qu'il me semble, muscles rompus, nerfs vibrants, trempé de sueur, surmené et saboulé par le roulis d'une ininterprétable angoisse. Je sortais d'un de ces songes aux contours fluides et indiscernables qui feraient croire à quelque intuition des dormants. J'avais cru m'apparaître à moi-même, je ne sais quel état métaphysique inconjecturable, inimaginablement transmuté *pour me ressembler davantage*, mais fastueusement horrible, ruisselant d'ignominie et triste par delà toute hyperbole. Cette impression s'ajustait assez aux épouvantantes sensations inspirées de certains mystiques sur l'enfer et sur la tragique affreuseté de l'Irrévocable, dont la lecture déjà ancienne avait laissé sur mon esprit comme des brûlures d'enthousiasme et des ecchymoses de poésie. Ah ! sur cette monstrueuse image de moi-même qui me regardait souffrir, comme je l'avais vu sinistrement passer ce démoniaque scarabée noir de la désespérance si reconnaissable à ses deux antennes magnétiques et dangereuses, la Luxure et la Cruauté! De même qu'il arrive, dit-on, aux noyés mourants, tout mon passé avait soudainement reflué sur moi le noyé de la vie, et j'avais senti l'amertume immense de ce sentiment ignoré des infortunés vulgaires : la compassion pour soi-même.

Moi le mélancolique de naissance, le mélancolique au berceau qui, au témoignage de ma mère, n'ai jamais poussé un seul de ces cris dont les petits enfants remplissent la maison et qu'on retrouvait après de longues heures dans un coin sombre noyé de grandes larmes silencieuses dont on ne savait pas la cause ; moi qui ai traversé toute l'enfance dans une brume de ces mêmes larmes, fuyant les jeux de mes condisciples dont le tumulte me donnait les affres de l'agonie ; affamé de solitude et de silence, indifférent à toute émulation, assommé de coups, appelant, déjà ! la mort comme un emmuré appelle un flot de lumière bleue et rêvant dans le chaos de ma petite intelligence la possession de tous les univers ; moi enfin dont l'adolescence a été si épouvantablement douloureuse que... »

Bloy n'alla pas plus loin et ratura même la page entière dont il reprit le début sous cette forme :

« Mon cher ami, quand tu recevras cette lettre, j'aurai achevé de tuer mon père. Le pauvre homme agonise, et Dieu sait que cette agonie est vraiment mon œuvre. Il semble même que je n'aie vécu trente ans que pour cela, tant c'est irréprochablement exécuté ! C'est bien ma parfaite ingratitude qui a congestionné cette effroyable face de mourant, et c'est ma perpétuelle résistance qui a fait ces yeux fous et ces maudissantes mains que je verrai désormais jusqu'à ce que je crève à mon tour. Parricide, oui, mon cher, je suis cela, un parricide ! Involontaire, sans doute, inconscient peut-être, mais certainement atroce. Tu connais cette affreuse et banale *Orestie* moderne. La génération romantique de 1830 qui nous engendra nous trouvait généralement assez mal venus et aurait voulu nous faire rentrer dans ses génitoires. La réaction psychologique déterminée sous le second Empire par le coup de refouloir d'une littérature qui semblait en naissant devoir faire éclater toute tradition, l'étrange délire d'inquiétude qui s'est emparé de la jeunesse d'élite en ces vingt dernières années ; enfin le grandissant décri des rengaines politiques si prodigieusement éculées par d'ambitieux saltimbanques, toutes ces causes avaient entaillé le milieu du siècle à une telle profondeur que les pères et les fils avaient l'air de se promener intellectuellement de chaque côté d'un infranchissable abîme. Conséquence certaine : oppression absurde d'une part, révolte complète de l'autre. Mon anachronique père, nourri comme tous ses contemporains de la moelle de cochon de Voltaire et de Jean-Jacques, littérairement fumé de la poudrette poétique de Béranger et du pénible crottin de M. Guizot, savait de la façon la plus exacte, bien avant ma naissance, ce que je ferais, ce que je penserais, ce que j'aimerais ; il avait arrêté dans un décret aussi absolu que le destin que ce serait précisément ce qu'il voulait que je fisse, que je pensasse et que j'aimasse... »

Tel est le premier crayon du « Désespéré ». L'auteur devait élargir, cinq ans plus tard, sa vision et sa manière pour les raisons que nous avons dites. Il avait même trouvé, en 1884, un éditeur, Stock, qui lui exprimait toute confiance en son avenir d'écrivain et auquel il confiait sa volonté de recueillir la succession des maîtres de l'heure, Zola, Daudet, Goncourt et les autres. Il insinuait même que Stock lui aurait conseillé ce roman. Mais comme, dans l'intervalle, il fallait vivre, il proposa à son éditeur de demain un marché. Voulez-vous, lui écrivait-il en substance, remplacer notre traité par un acte de vente ? Je vous abandonnerais pour cinq cents francs l'entière propriété des « Propos », et j'obtiendrais ainsi le moyen de travailler en paix à l'écrabouillement de mes contemporains.

Dans le même temps, il proposait au docteur Robin la vente du manuscrit de l' « Histoire sans nom », de Barbey d'Aurevilly. Les expédients continuaient donc ; et Marchenoir allait se présenter au monde plus dénué encore que le Poverello. Mais où prit-il ce nom de Marchenoir ? On lit au bas de sa première lettre à Féval, datée du 6 août 1879 : « Ceci

est la première épître de Bloy le Noir à Féval le misé-
ricordieux ». Or nous savons qu'en 1879 l'idée du
« Désespéré » reçut un commencement d'accomplissement. Il n'est pas téméraire de croire que le
pseudonyme a pu sortir de l'épithète.

Comment « Un désespéré » devint-il « Le désespéré » ? Ce passage d'une lettre au journaliste
toulousain Boissin (16 mai 86) en fournit l'indication
et même indirectement l'explication, car il témoigne
de l'élargissement de pensée de l'écrivain :

« De calculées indiscrétions de mon éditeur ont appris
à tout ce qui tient une plume dans Paris que je vais
publier un roman ayant pour titre : « Le Désespéré »,
œuvre infiniment offensive, qui ne sera d'aucune école
et qui ne respectera rien ni personne. *Le Pal* monté
de ton et dramatisé, simplement. Je connais quelques
hautains chenapans qui ne sont pas fort tranquilles
et pour qui cette menace encore imprécise est un
tesson de bouteille dans le lit de triomphe de leur salope
impunité.

Ils savent, les maudits, ce que j'accumule depuis
des années et l'impossibilité parfaite d'intimider un
homme qui n'a rien à perdre. Tenez, mon cher confident, voici ce que je copie pour vous dans mon manuscrit. Celui qui parle, c'est le héros de mon roman, moi-
même si vous voulez, sous un masque des plus transpa-
rent. « Si je profane les puants ciboires, » etc...

« J'aurai environ 400 pages de cet accent-là. Mes
amis ici, j'entends ceux qui s'y connaissent, Barbey
d'Aurevilly, Huysmans, le comte Roselly de Lorgues et
Villiers de l'Isle-Adam sont persuadés que je fais une
grande chose. Mon éditeur compte sur un succès et

attend avec impatience mon manuscrit pour le prochain automne. Peut-être a-t-il raison. Il est certain qu'un atome de publicité peut suffire pour faire éclater un énorme scandale autour de ce livre où sont dites les choses que personne, je crois, n'avait encore osé dire et où sont assises les fausses gloires modernes dans un amphithéâtre d'ignominie. Ce sera un livre plein de désespoir, comme son auteur, mais d'un désespoir philosophique et non point théologique parce que je veux être chrétien. J'ai voulu, en cette horrible fin de siècle où il semble que tout soit perdu, pousser *vers Dieu* la définitive clameur de déréliction et d'épouvante pour la multitude orpheline que le Père fait semblant d'abandonner du fond de ses cieux et qui n'a même plus la force de généreusement mourir. L'épigraphe d'ailleurs dit assez ma pensée sur ce désespoir conditionnel qui ne regarde que la terre : *Spem contra spem*. Vous aimez ce que j'écris, mon cher Boissin. Eh bien, cette fois, j'espère me surpasser et vous surprendre. Autant qu'il est permis à un chrétien de se flatter de quelque chose, je crois qu'il sortira quelque bien pour mes frères de ce livre de tant de douleurs et de tant de larmes que beaucoup d'âmes voluptueuses vomiront sans doute comme une potion trop amère, mais qui réconfortera peut-être certains cœurs blessés et agonisants dans les ténèbres.

Mais voici, je suis moi-même un agonisant, menacé de la plus misérable mort. Le périple de mon purgatoire littéraire touche visiblement à sa fin. Mais, brusquement, les forces m'abandonnent et je suis en danger de naufrage au dernier moment. Les heureux de ce monde qui jouissent en paix d'un beau livre ne songent pas assez aux souffrances et aux angoisses quelquefois sans nom ni mesure qu'un pauvre artiste sans salaire a pu endurer pour leur donner cette joie. Les chrétiens riches qui admirent mon « Révélateur » ne se doutent pas que ce livre fut écrit au chevet d'une mourante par un mendiant famélique et désolé qui n'a pas touché un sou de droits d'auteur. *Le Désespéré* n'aura pas coûté beaucoup moins. C'est une espèce de miracle que j'aie pu en réaliser les deux tiers. Je serais le lamentateur le plus paradoxalement funèbre si j'entrais dans des détails. Mais aujourd'hui, ma foi, je n'en peux plus. Le miracle s'interrompt tout à fait, et je suis décidément impuissant. Je suis absolument sans pain, sans ressource d'aucune sorte et j'ai dû emprunter à un autre misérable les 50 centimes qui vont servir à recommander cette lettre. Puis le chagrin s'abat sur la bête blessée. Tous les deuils anciens fondent à la fois sur le malheureux homme en détresse, qui se voit perdu. Je vous écris dans mon angoisse et ma douleur immenses. Il me faut trois mois de sécurité matérielle pour achever mon œuvre, et je n'ai pas même un jour. »

Cependant, un fragment du « Désespéré » parut dans un numéro de la *Revue de Genève*, sans doute par les soins de ce Louis Montchal, « frère d'adoption », auquel fut d'ailleurs dédié le roman. De mystérieuses relations d'amitié doivent avoir existé entre Bloy et le petit clan genevois des Montchal auquel il faut adjoindre une certaine famille L'Huillier. D'affectueuses lettres s'échangeaient. Quand elles auront été publiées, on aura la révélation d'un Bloy « oncle d'adoption » et monstre de tendresse au moment même qu'il vitupérait dans le « Désespéré ». Ah ! le cœur de cet homme ! Le cœur incompris de cet homme !

Les cœurs de lion sont les vrais cœurs de père.

« Bonjour, Andrée, ma chère petite nièce, écrit-il à Andrée Montchal ; je vous embrasse et je vous aime de tout mon cœur. Oui, je vous le promets, nous irons ensemble sur le Solève et même sur d'autres montagnes s'il y en a. Nous partirons avec votre papa, votre maman, avec Henri, Pierre et même Henriette que nous porterons au besoin. Nous prendrons Mme L'Huillier et ses deux filles. Enfin toute une caravane. Ce jour-là je m'arrangerai pour n'avoir pas plus de 12 ans, et nous rirons comme des fous. Seulement je veux que vous soyez une bonne fille, très savante et très laborieuse. Il faut tout cela pour me plaire, car je suis un oncle sévère. Si vous n'avez pas la plus excellente réputation quand j'irai à Genève, je vous embrasserai très mal d'abord, puis j'irai me promener tout seul. Tout le monde en souffrira. »

Il en fut du voyage à Genève comme des autres rêves terrestres de Bloy le noir. Le « Désespéré » s'acheva dans la déréliction absolue. Les lettres lamentables se succèdent, répètent la phrase fatidique : « mon éditeur ne fait rien pour moi, et je suis absolument sans pain ». Le naufragé se raccroche à tous les flotteurs qui passent à portée de sa détresse. A lire aujourd'hui ces pages on se sent humilié non pour leur auteur mais pour ceux qui si aisément pouvaient l'assister et qui ne l'ont pas fait. Amis, admirateurs ne connurent pas l'étendue de leur devoir. Ils ne la connurent d'ailleurs jamais.

« Cette amitié qui aurait pu être si douce, écrit-il à une femme, et que vous avez détruite à plaisir, avec l'inconscience perverse d'un enfant méchant — je ne veux pas qu'elle se transforme chez moi en haine et en désirs de vengeance, comme il arriverait certainement si je continuais à vous fréquenter. Je vous prie donc de déposer chez votre concierge, dans un paquet à mon adresse, les livres qui ne m'appartiennent pas et que ma pauvreté ne me permettrait pas de remplacer immédiatement. Ainsi doivent finir mes relations avec tous les êtres dont l'esprit peut avoir de la distinction, mais dont l'âme est assurément sans profondeur. Un homme inconnu de vous. » (**22** *février* 89.)

Quelle meilleure définition pourrait-on donner de Bloy : « Un homme inconnu de vous » ? Inconnu de son père et même de sa mère, inconnu de Barbey d'Aurevilly, puis de la tourbe plus ou moins illustre des amis et des chers confrères, inconnu de Veuillot et, à sa suite, des cent quarante-quatre mille qui se croient marqués du sceau, inconnu des scribes, des pharisiens et des marchands du Temple, inconnu de ce qui détient pouvoir, richesse, intelligence, inconnu même des impudents plagiaires qui vécurent et qui vivent encore de lui, inconnu de tous et de tout à l'exception de quelques humbles, de quelques souffrants, de quelques fous aux âmes blessées à mort.

Et maintenant, ouvrez ce livre écrit pour vous dans la misère sans mesure et l'implacable nuit. Quarante ans de l'expérience d'un homme y sont résumés et condensés. Vous connaissez désormais cet homme. Et vous possédez du même coup la clef qui ouvre et qui ferme son œuvre. Je ne parle pas des petits moyens de rendre leurs noms véritables aux fantoches affublés de pseudonymes de ce jeu de massacre. Je parle de l'esprit de Léon Bloy. Quand il vous dit que son livre est une autobiographie, croyez qu'il est réellement pétri de sang et de larmes. A ce titre, une œuvre humaine acquiert toujours une valeur infinie. Mais ici il y a plus qu'un roman même vécu. C'est pourquoi la forme rigoureuse du roman y est à chaque pas brisée, distendue ou dépassée. Ce n'est pas que ce ne soit très beau, me disait ce professeur de grammaire, mais avouez que c'est plein de digressions. J'avoue. Mais avouez à votre tour que la beauté du livre vous scandalise plus encore que sa singularité.

Le « Désespéré » chante la divine impatience de l'homme à la recherche de son Dieu. Ce chant n'est pas nouveau. Il dut naître au seuil même de l'Éden interdit. Et le premier Bloy fut certes l'Adam né de l'Ancien des Jours et première dupe de la mère des vivants. Les Prophètes ne firent pas autre chose au long des âges bibliques. Mais leurs vaticinations ou leurs plaintes, comme aussi celles des saints du temps qu'il existait une Chrétienté, n'exhalaient pas cette sempiternelle amertume.

« *Expectans expectavi*, attendre en attendant. Les mille ans du Moyen Age ont chanté cela. L'Église a

continué de le chanter depuis l'égorgement du Moyen
Age par les savantasses bourgeois de la Renaissance,
comme si rien n'avait changé de ce qui pouvait donner
un peu de patience et, maintenant, on en a tout à fait
assez.

Attendre cinquante siècles à la marge enluminée d'un
livre d'heures saturé de poésie, comme un de ces
expectants patriarches, au sourire fidèle, qui regardent
sempiternellement pousser des cèdres sortis de leur
ventre, passe encore.

Mais attendre sur un trottoir venu de Sodome, en
plein milieu de la retape électorale, dans le voisinage
immédiat de l'*Américain* ou de Tortoni, avec la crainte
ridicule de mettre le pied dans la figure d'un premier
ministre ou d'un chroniqueur, c'est décidément au-
dessus des forces d'un homme !

C'est pourquoi tout ce qui a quelque quantité virile,
depuis une trentaine d'années, se précipite éperdument
au désespoir. » *(Le Désespéré.)*

Non le désespoir romantique et romanesque,
livresque en somme et avant tout d'attitude, des
bâtards de Rousseau et de Byron ; mais le sentiment de néant absolu — Dieu ou matière — d'un
Baudelaire, d'un Hello, d'un Villiers, d'un Verlaine,
d'un Dostoïeswki. Ceux-là représentent la plèbe
nouvelle à qui l'on n'en fait plus accroire, parce
qu'elle a vu crouler sur les ruines de la Chrétienté
l'édifice de l'humanité pure engendrée de la Réforme
et de la Renaissance. La faillite de Dieu avait été
enregistrée par les Encyclopédistes. Et de cette
faillite étaient nés les Droits de l'homme. Les géné-

rations du XIXᵉ siècle enregistrent à leur tour la
faillite de l'homme. Et, après elle, il n'y a plus rien.
Des éboulements successifs. La sensation d'un monde
lunaire où toute vie est rendue impossible. Caïn
Marchenoir a pu se faire, après tant d'autres, ces
raisonnements théoriques. Mais la « pratique » est
tout de suite venue corroborer l'effroyable justesse
des déductions cérébrales. C'est pourquoi du désespoir de Marchenoir à celui de ses immédiats prédé-
cesseurs, il s'en faut de tout un abîme où disparaît
la vaine littérature. C'est du désespoir conditionnel
certes, mais pratique ; du désespoir vécu. Léon Bloy
a parcouru le cycle entier des possibilités humaines ;
et il transmet à son sosie cette expérience pour qu'il
en fasse un « Ecclésiaste » autrement désenchanté
que celui de Salomon. Car le Roi de Jérusalem avait
devant lui la Rédemption. Marchenoir l'a derrière ;
et qu'en ont fait les deux mille ans de christianisme ?
Le paganisme reflue sur nous depuis trois siècles.
Mais, comme il n'a pu raturer le mystère de Jésus,
il laisse l'humanité plus désemparée qu'il y a deux
mille ans. Il faut désormais tout attendre de Dieu.
On touche à l'époque des cieux nouveaux et de la
terre nouvelle. C'est dire que tout est condamné
de l'œuvre actuelle des hommes. Ils ont commis
le crime irrémissible, le crime contre l'Esprit qui
est de se passer de Dieu. Dieu y répond par un éclat
de rire. « Je rirai de vous au dernier jour ». Ce rire

avait déjà retenti sous les ombrages de l'arbre de la science. Puis, on l'avait entendu aux jours orgueilleux de Babel. Maintenant, c'est au-dessus de la civilisation moderne qu'il éclate. Mais les vrombissements métallurgiques couvrent le fracas du rire de Dieu. Marchenoir seul l'entendit. Et il fut seul ainsi à faire passer la terrifiante nouvelle à ses « frères ».

*
* *

Le « Désespéré » n'obtint aucun succès.

F I N

TABLE DES MATIÈRES

Imprimé par Desclée De Brouwer et Cie, Bruges (Belgique). — 4995